A Dios sea todo
El honor y toda la gloria
por los siglos de los siglos,
amén.

Este libro está dedicado a la obra de Dios y a todos sus santos que trabajan incansablemente en el esfuerzo para traer su reino a los perdidos y, posiblemente, la última generación de la Iglesia de Jesucristo llegará. Es mi sincero deseo que el lector, comience con una oración antes de leer este libro. Oramos para que el Espíritu Santo guíe su mente y corazón en la comprensión de la forma de aplicar su contenido. Para cada uno de nosotros es responsable ante Dios para llegar a todas las almas que Él ha preparado para su iglesia.

AGRADECIMIENTOS

Este libro es verdaderamente un resultado de incontables años en la fabricación. Se ha tomado una duración de años para presenciar las necesidades de atraer a los visitantes en las iglesias hispanas. Como resultado de esta necesidad, que era conducido a la tarea de aprender cómo los visitantes se sienten atraídos a las iglesias a través de la educación superior y experiencia en el campo. Este proyecto es un intento de poner en palabras y conceptos de las ideas y soluciones a los problemas que he encontrado.

Este trabajo nunca se habría materializado en su forma de no haber sido afectados, inspirado y apoyado por tanta gente que sólo las listas en el cielo será capaz de mencionarlos a todos. Deseo dar las gracias a aquellos que sin su ayuda, este trabajo sólo habría sido un sueño.

Estoy especialmente agradecido a mi esposa, Linda, que me ha animado siempre en mi trabajo. Ella vio la necesidad del pueblo de Dios de estar mejor equipados. Ella demuestra su incansable dedicación a ver esta obra se publicará. Ella ha sido mi fuente de inspiración en muchos momentos de debilidad.

Deseo agradecer a mis doce años de edad, hijo, Natanael Lorenzo, que es mi alegría y mi amigo el segundo mejor. Él también ha sacrificado su tiempo con su padre para que yo pudiera terminar este trabajo. Su apoyo es la razón por la que hoy tiene esta ayuda para ofrecer a todos los pastores, ministros y laicos.

Un agradecimiento especial a Benjamín López, quien en una cantidad limitada de tiempo y lo hizo traducir el diseño de página de la versión española de este libro.

Además, me gustaría dar las gracias al Pastor y el secretario de Educación Cristiana de la Asamblea Apostólica, Samuel Valverde, por su ayuda y apoyo.

También me gustaría expresar mi más sincero agradecimiento a todos los pastores que han extendido sus iglesias y congregaciones para tratar de probar varios métodos de atracción de visitantes y programas de crecimiento de la iglesia.

La obra de arte, tanto para las cubiertas de los libros en inglés y español fueron creados por nuestro artista propio en el Departamento de Educación del arte cristiano. El artista es un hombre joven que he tenido el placer de trabajar con, José López.

Existe un sinnúmero de personas que contribuyeron sugerencias a lo largo de este libro y de todos ellos estoy muy agradecido.

ÍNDICE

LISTA DE FIGURAS · ix
LISTA DE TABLAS · x
CAPÍTULOS
   CAPÍTULO 1- Introducción · · · · · · · · · · · · 1
      La Necesidad de este Estudio · · · · · · · · · · · · 3
      El Fundamento Para el Proyecto · · · · · · · · · · ·11
      Las Conjeturas Básicas · · · · · · · · · · · · · · · 13
      El Resultado Intentado · · · · · · · · · · · · · · · 12
      Definiciones · 13
      Temas Bíblicos y Teológicos · · · · · · · · · · · · 13
      Repaso de Literatura · · · · · · · · · · · · · · · · · 21
      Diseño del Estudio · · · · · · · · · · · · · · · · · · 32
      Los Procesos y Evaluación del Libro · · · · · 34
      Resumen · 35
   CAPÍTULO 2 Atracción de Visitantes
      Atracción de Visitantes · · · · · · · · · · · · · · · · 36
      Concepto de Atracción y Retención de Visitantes · ·
      Resumen · 57
   CAPÍTULO 3 Herencia
      Historia Del Desarrollo de la Iglesia Hispana · · · 59
      Estado actual del Hispánico · · · · · · · · · · · · 64
      Contorno de las personas Hispanas · · · · · · 85

Publicado por Lor-Lin Ministries
Una División de A.I.M. Seminarios
Harlingen, Texas 78550

Impreso en los EE. UU. AA.
Citas Bíblicas usadas en este libro son de la
SANTA BIBLIA, La Edición Open Bible,
© Por Thomas Nelson Inc.,
Usado por permiso de
Thomas Nelson Publicadores,
Nashville, Tennessee.
© Copyright 1998 por Dr. Lorenzo V. Gónzalez
Todo derecho reservado.,
Library of Congress C. N. # 98-092269

ISBN-10:1-892874-01-6

Este libro fue originalmente escrito como un
Tesis doctoral para la Universidad de
Biola Y su Escuela de Teología,
Talbot School of Theology

Subtítulo
VISITANTES DE IGLESIA:
MÉTODOS DE ATRACCIÓN
Y RETENCIÓN PARA IGLESIAS HISPANAS.

Desafió de la Portada por José López
Editado en Español por Beatriz López R.

ATRAYENDO VISITANTES A IGLESIAS HISPANAS

DR. LORENZO V. GÓNZALEZ

A.I.M. SEMINARIOS
e-mail: lorenzogonz@sbcglobal.net

Pasos de Acción · · · · · · · · · · · · · · · · · · 89

Resumen · 90

CAPÍTULO 4 Fortalezas y Debilidades · · · · 92

Evaluando la Iglesia Local y sus Líderes · · · 92

Recursos para las Evaluaciones · · · · · · · · · 95

Razones para la Evaluación de Trabajador 98

Definiendo Bajo Entusiasmo · · · · · · · · · · · 102

Dádivas Espirituales · · · · · · · · · · · · · · · · ·105

Visión Y Dirección Divina · · · · · · · · · · · · · · 115

Liderazgo Divino· 116

Pasos de Acción · · · · · · · · · · · · · · · · · · · 122

Resumen · 124

CAPÍTULO 5 Evaluación de la Comunidad · 125

Asesoro de las Necesidades de la

Comunidad ·125

Cambios Culturales de Comunidades · · · · 127

Tamaño de la Comunidad · · · · · · · · · · · · · 135

Los Límites de la Comunidad · · · · · · · · · · ·141

Evaluación de las demandas culturales · · ·147

Asesoros de demandas de Cultura · · · · · · · 152

Demanda de Alternativas Y Variedad · · · 152

Pasos de Acción ·154

Resumen · 156

CAPÍTULO 6

Generacional y sus Efectos · · · · · · · · · · · 157

Ideología Generacional · · · · · · · · · · · · · · 157

Generaciones de Hoy · · · · · · · · · · · · · · · 160

Generaciones Vivientes en EE UU · · · · · ·160

Descripciones generacionales · · · · · · · · · · 168

GI Descripciones · · · · · · · · · · · · · · · · · · 168

Generación Silenciosa · · · · · · · · · · · · · · · 170

Generación del baby boom · · · · · · · · · · · · 173

Bebé Buster generación · · · · · · · · · · · · · · 179

"Boomlets" o Niños del Milenio · · · · · · · · · 181

Los valores hispanos generación · · · · · · · · 184

Generaciones hispanos · · · · · · · · · · · · · · 192

El Tradicionalista · · · · · · · · · · · · · · · · · · 194

El Intermediador · · · · · · · · · · · · · · · · · · · 196

El Desafiador ·198

El sintetizador · 200

Pasos a seguir · · · · · · · · · · · · · · · · · · · 201

Resumen · 202

CAPÍTULO 7

Confianza para Los Visitantes · · · · · · · · · · 203

Perfil de una Nación y Una Iglesia · · · · · · · 203

Niveles de Confianza · · · · · · · · · · · · · · · ·207

Reconocimiento de Transferencia de
Confianza · 208

Vínculos con Otras Culturas · · · · · · · · · · · · · · 209

Perfil de la Congregación · · · · · · · · · · · · · · · · 211

La Iglesia y Tecnología · · · · · · · · · · · · · · · · · 217

Las Varedas de las Personas y su Flujo · · · · · 218

Resumen · 225

CAPÍTULO 8

Conclusión del Libro · · · · · · · · · · · · · · · · · ·· 229

Conectando al Perdido Con la Congregación ·230

Ministerios de Redes de Pesca y de Poso · · · 232

Reuniones Bíblicas de Poso · · · · · · · · · · · · · 233

El Inicio del proyecto · · · · · · · · · · · · · · · · · · 234

Investigación y Desarrollo · · · · · · · · · · · · · · 235

Evaluaciones y Conclusiones · · · · · · · · · · · · 243

Preguntas para Estudio Adicional · · · · · · · · · · 243

Implicaciones para la Iglesia en General · · · · 244

Resumen ·245

LISTA DE FIGURAS

Figura	Página
1. Modelo de ciclo de Sociología	4
2. Mobergs modelo	7
3. Modelo de ciclo de Sociología	61
4. Vista parcial del ciclo de Sociología de la iglesia de Antioquía	65
5. Estructura precoz de la energía que aparece en la etapa de organización	68
6. Más tarde, la estructura o el poder cambio en la fase de organización	69
7. El modelo de David Moberg de	71
8. El modelo de Josué	78
9. El Rey del modelo	80
10. El ciclo de liberación generacional	165
11. Ciclo generacional del Rey	165
12. Fuerzas	185
13. Cuatro sistemas de valores	186
14. Generaciones de hispanos	193
15. El Tradicionalista	194
16. El Entremediador	196
17. El Retador o Desafiador	198
18. El Sintetizador	200

LISTA DE TABLAS

Tabla   Página

El ciclo generacional en Estados Unidos · · · · · · · · · · 162

Generaciones que viven en Estados Unidos · · · · · · · · 163

Generaciones del Gran Poder y los ciclos del Milenio 171

CAPITULO 1
INTRODUCCIÓN

En una cultura en cual membresía en una iglesia ni es asignada ni requerida, el problema de cómo atraer visitantes se vuelve crítico. En la cultura hispana, como en otras, la gente que busca una iglesia de su propia cuenta generalmente están en busca de un remedio o solución para su dolor o sufrimiento. Esta gente duele tanto que buscan una solución a su dilema. La cantidad de personas en busca de una iglesia generalmente es demasiado pequeña en comparación con los números que la iglesia necesita para seguir creciendo. Por lo tanto, el problema de encontrar y atraer visitantes para cualquier iglesia es muy importante para el bienestar a largo tiempo de la congregación.

C. Kirk Hadaway escribe:

"Una iglesia tiene que poder atraer una cantidad continua de visitantes porque solo un pequeño porcentaje de los que visitan con tiempo ingresan; y porque esta es una sociedad muy móvil, una cantidad regular de adiciones son necesarias para que las iglesias apenas se mantengan igual y evitar un decliné mucho menos para principiar a crecer." [1]

---

[1] *C. Kirk Hadaway, Church Growth Principles: Separating Fact From Fiction (Nashville, TN.: Broadman Press, 1991), pg. 125.*

2 Introducción

Una iglesia crece por medio de tres formas. La primera es llamado crecimiento biológico, es decir, por medio del nacimiento de bebés dentro de la iglesia. El segundo método es llamado crecimiento transferido. Este es el crecimiento que generalmente o curre cuando la gente se muda de una iglesia a otra. El tercer método se llama crecimiento de nuevos convertidos. Este es el método de traer nuevos miembros a la iglesia por medio del evangelismo.

Además de por medio de crecimiento biológico, es, muy importante que la iglesia aprenda cómo atraer a nuevos visitantes. Lo que pudiera atraer a una persona o familia no necesariamente puede atraer otra persona o familia. Lo que pudiera atraer a gente de una cultura no necesariamente atraería a otros de otra cultura. Aquí está el dilema del desarrollo de un plan de atraer y retener a visitantes. A menudo en el pasado las iglesias han designado una cultura o tipo de gente para asegurar el crecimiento de la iglesia.

Hoy, nuevas comunidades con culturas y gentes mixtas están formándose más rápido que en cualquier otro tiempo de la historia. Aun comunidades planeadas esta procurando cierta gente en cuanto a edad, estado en la vida, o riqueza. Áreas viejas residenciales mas establecidas están sufriendo cambios culturales al irse de ellas los jóvenes de los hogares y sus padres al jubilarse a otros lugares. No hay garantía para una iglesia establecida con residentes de mucho tiempo de poder encontrar el tipo de gente que desee atraer en cantidades suficientes para permitir a la iglesia seguir creciendo.

LA NECESIDAD DE ESTE ESTUDIO

Este libro manuscrito propuesto pretende contestar la pregunta: ¿Cómo pueden pequeñas iglesias hispanas atraer y retener visitantes? En los 1950, iglesias Pentecostés Hispanas estaban en crecimiento numérico. Principalmente eran iglesias orientadas hacia la gente con estilo recio de música dinámica y popular en su adoración. Las iglesias eran agresivas evangelísticamente. Sin embargo, en las últimas décadas, las iglesias Pentecostales han pasado por lo que se ha llamado "El Ciclo Sociológico," y sin duda pasará por todos los niveles que han pasado otras denominaciones. El Ciclo Sociológico consiste en cuatro etapas por el cual pasan las denominaciones. Originalmente, el movimiento Pentecostés se vio como una secta, pero recientemente ha caminado hacia la tercer etapa, denominación.

4 INTRODUCCIÓN

El movimiento Pentecostés en los Estados Unidos, junto con otros movimientos Pentecostales tal como Asambleas Apostólicas, denominaciones Apostólicas Unidas o Pentecostales, que son estrictamente movimientos del nombre de Jesús, hoy experimentan la segunda y en casos la tercer etapa del Ciclo Sociológico. No son los únicos que han tenido un problema en caminar por las tres áreas; la mayoría de los movimientos trinitarios que se han organizado en algún tipo de estructura de una asamblea o denominación han experimentado los mismos problemas. Algunos de estos movimientos se han enterrado en el segunda etapa o nivel institucional, mientras otros han pasado por todo el entero Ciclo Sociológico. 2

Fig. 1. El diagrama abajo es tomado Del libro de Town, **"Americas Fastest Growing Churches"**: Y será comparado al modelo de Troeltsch en la próxima hoja.

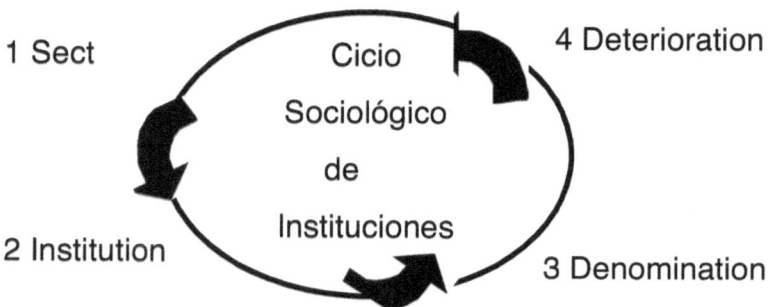

Tarde en los 1920, un filósofo-sociólogo alemán por nombre, Ernst Troeltseh escribió acerca iglesias que crecen de nivel de secta a ecclesial/asamblea, o a lo que hoy se llama etapa denominacional. El modelo de Troeltch principia como una secta y luego llega a ser una institución. Luego pasa a la etapa de una denominación totalmente organizada, y finalmente terminará en la etapa de deterioro.

Muchos alumnos y autores que han estudiado este ciclo decrecimiento han acordado al modelo de Troeltsch otros nombres. Por ejemplo, la primera o etapa de secta ha sido llamada etapa de fundamentalismo. La segunda etapa de este Ciclo ha sido catalogado de institución. La tercer etapa es conocida como denominación, y el final Ciclo es liberalismo teológico. Algunos aun combinan denominación y liberalismo teológico juntos en la misma etapa.

Hoy la etapa institucional es llamada por muchos la etapa organicional. La necesidad de la etapa organicional es lo que construye la infraestructura de una iglesia, organización, o denominación y permite que la infraestructura desarrolle las reglas, guías, constitución, y

---

2 *Elmer L. Towns, Americas Fastest Growing Churches, (Nashville, TN:Impact Books, 1972), 156.*

oficiales para su gobierno. Esto a la vez obliga a la etapa denominación a principiar a procesarse a sí misma. tensión dinímica entre las etapas de organización y denominación causa la inversión de poder, libertad, fuerza, y recursos de iglesias locales hacia la cumbre de la organización. Líderes a este nivel han descubierto que para poder manejar la etapa de institución efectivamente, todo el poder tiene que estar en el timón. Una total y completa transferencia de poder de las iglesias locales ala cabecera quiere decir que iglesias locales serán instruidas acerca que y cuanto pueden hacer al nivel local en la iglesia.

Parece haber dos puntos de importancia crítica en el desarrollo de este Ciclo. El primero es entre las etapas de secta e institución, y el segundo entre las etapas de institución y denominación. Para poder formar un entendimiento acerca 10 que esta pasando a las iglesias hispanas, el modelo de David Moberg necesita ser investigado.

David Moberg, un sociólogo de iglesias de la Universidad de Marquette, ha formado un Ciclo suyo que debe ser examinado. El ve un *"proceso bajo cual cultos se originan, se vuelven sectas, y luego cambian a denominaciones, para quizás emerger del proceso como iglesia."*[3]

---

[3] **David Moberg, *The Church or a Social Institution* (Englewood cliffs, NJ: Prentice-Hall, Inc.,. 1962), 100.**

El modelo de David Moberg puede ser útil para explicar los dos puntos de importancia crítica en el Ciclo de desarrollo. La mayoría de iglesias estilo culto que han pasado por el ciclo Moberg pueden afirmar la primer etapa de culto a secta. Dependiendo en la posición y filosofa psicológica y teológica del ministerio de los primeros líderes de culto, la tensión del crecimiento de culto a secta puede ser crítico. Por toda la linea histórica de la iglesia, ha habido líderes de culto cuya posición psicológica y teológica y filosofía ministerial que no les permitió crecer a ser una secta. La tensión de crecimiento de un culto a una secta puede ser crítico porque los líderes de culto ven el crecimiento como un peligro presente a ellos mismos y para los miembros de su culto. Su creencia en sí mismos y en su misión estorba el proceso.

Fig. 2, El diagrama abajo es tomado del libro de Town, **America's Fastest Growing Churches** y será comparado con el modelo Troeltsch en la próxima página.

Algunos cultos, donde el segundo punto de importancia crítica en el desarrollo del ciclo Moberg esta entre la secta y la denominación. El punto crítico se desarrolla cuando la infraestructura necesitada empieza a formarse en la fase organizadora. En la fase o ciclo organizador las guías, reglas, y oficiales son formadas y escritas en algún tipo de constitución. Esta constitución entonces llega a ceñir, en algunos casos, con más poder que la Palabra de Dios. Dependiendo en los hombres que desarrollen esta constitución y su habilidad de anticipar las necesidades de generaciones futuras, la constitución puede hacerse en el peor futuro enemigo de la organización. Este punto crítico al principio no parece hacer ninguna diferencia, pero no es hasta que tres o más generaciones han funcionado bajo el tutelaje constitucional, y bajo todas las otras enmiendas añadidas por otros, que llega a ser la trampa que lentamente ahorca la iglesia. Cuando los líderes del culto no permiten que su culto progrese a ser una iglesia, generalmente resultan en una situación similar a la del "Davidian Branch" en Waco, Texas.

Según Elmer Towns, es la etapa denominación que reduce o aumenta el crecimiento en la iglesia local. Dependiendo en la hechura de la constitución, o ayuda a las iglesias locales o ayuda a la infraestructura organizacional.

Towns lo pone bajo la siguiente perspectiva:

> *"Liberalismo o denominacionalismo principal no tiene el dinamismo religioso para atraer al indiviso con naturaleza. Cuando la asistencia crece en iglesias tipo denominacional, crece por razones extrañas de presión exterior de crecimiento o su vida espiritual es nula, por lo tanto no tienen el dinamismo interior para crecimiento."* 4

Elmer Towns está diciendo en la cita arriba que la denominación espera que la iglesia local crecerá naturalmente, pero probablemente no se ayudará a crecer. Iglesias en una denominación crecerán en asistencia solo si no juegan bajo las reglas establecidas por esa denominación. La razón es que la denominación generalmente se nutre de las iglesias locales en lugar de darles de comer. La iglesia local generalmente desarrolla su propio estilo de organización ya sea de modelos o normas de la denominación o de la constitución, pero no de la experiencia del pastor y líderes quienes entienden las necesidades de su congregación o comunidad de almas perdidas. Generalmente, el estilo de organización viene de mal tempranas décadas de experiencia de la iglesia.

Hoy, las iglesias necesitan repensar su filosofía de ministrar para ver si está conduciendo a la iglesia hacia crecimiento sano. Debe, a base de la mera necesi dad de evangelizar y alcanzar al perdido, construir programas y actividades populares para traer la salvación a los que el Espíritu Santo desea salvar.

Sin embargo, es la iglesia local, con sus recursos limitados, que aporta la infraestructura y organización denominacional con necesitados líderes, dinero, y programas. Al usar sus recursos y mana de obra limitados para necesidades denominacionales, la iglesia local restringe y debilita su propio trabajo evangelístico. Cuando la iglesia local usa la mayoría de sus recursos en tal capacidad, deja de trabajar a su máximo potencial en alcanzar al perdido. La asistencia de visitantes baja drásticamente, como también el crecimiento de toda la iglesia local. Añada a eso el peso de tener recursos y mana de obra limitados, la demanda de la denominación de pastores e iglesias de apoyar programas, servicios, y otros tipos de actividades fuera de la iglesia local, que mal usan el tiempo limitado para que las iglesias tengan avivamientos, y aumenten su atracción y retención de visitantes, y el resultado es un efecto destructivo que causa la denominación en la iglesia local. Lo que en un tiempo principió como programas, servicios y actividades muy necesarias, después se pueden volver las barreras al crecimiento de la iglesia.

Es un dato bien conocido que las mas grandes denominaciones no ponen énfasis total en alcanzar al perdido porque sienten que esa es la responsabilidad de la iglesia local. Su responsabilidad es de crear la infraestructura que permita comunicación y dirección entre las iglesias locales y oficinas generales. Porque las denominaciones se consideran ser la cabeza de la organización, es posible que pierdan la perspectiva y consuman los recursos limitados del cuerpo para sus propias metas. Cuando esto ocurre la iglesia local es vaciada de la mayoría de sus recursos. Este es el peligro que muchas asambleas de iglesias organizadas hoy están encarando.

Un balance tiene que ser logrado por las iglesias locales y la denominación. Este balance tiene que favorecer a la iglesia local y no a la denominación. La denominación siempre tiene que recordar que su meta es global, mientras la iglesia local esta allí para la comunidad local. La denominación a todo tiempo tiene que modernizarse y mantenerse enfocada en el trabajo al cual ha sido llamada, tal como trabajo misionero global y el plantar iglesias locales en áreas donde no se haya hecho todavía. El balance entre las necesidades de la denominación y la iglesia local tiene que ser continuamente evaluado.

En resumen, este estudio es necesario para ayudar a pastores en la adquisición de nuevas ideas y métodos para alcanzar al perdido con los recursos limitados disponibles a la iglesia local. Esto se hará al enseñarle a los líderes como maximizar la atracción y retención de visitantes.

El Fundamento Para el Proyecto

Este proyecto es de ser un libro manuscrito escrito en un estilo popular. La meta es de ayudar a líderes, pastores, y cualquier persona trabajando en el área del evangelismo. Este manuscrito es escrito para proveer a iglesias hispanas con el entendimiento de lo que hoy estorba la atracción y retención de iglesias chicas de visitantes y de cómo encontrar estrategias útiles para crecimiento de la iglesia. Un aumento en la comprensión y el sobrevenir barreras ala expansión hoy junto con programas estratégicos y programas y actividades bien trazados pueden producir un crecimiento substancial de visitantes, cual permiten a todas las iglesias de crecer más rápido. A causa de la cantidad de personas y finanzas disponibles a las iglesias locales, sus opciones son limitadas, y la mayoría tiene que hacer uso máximo de su tiempo y recursos si es que van a crecer. El escritor de esta disertación ha estado envuelto en crecimiento de iglesias por los siete años pasados con la Asamblea Apostólica de la Fe en Cristo Jesús, la cual es una corporación de aproximadamente 600 iglesias predominantes de habla hispana. Durante este tiempo, este escritor ha podido visitar personalmente o estudiar aproximadamente la mitad de las iglesias. Investigaciones de campo han mostrado la necesidad de muchas iglesias de desarrollar nuevos métodos al ministerio en el nuevo milenio. Este proyecto ayudara a prestar nueva visión a estas iglesias.

Las Conjeturas Básicas

La meta fundamental de esta disertación con proyecto de acción es de introducir a los pastores, líderes, y evangelistas de iglesia local a estrategias para alcanzar a gente sin iglesia. Muchas iglesias están siendo pastoreadas en el mismo estilo forjado a mediados de este siglo. Los mismos programas y actividades usan hoy como en los 1950s. La década de los 90 tiene un público diferente al de los 30's a los 50's. Por lo tanto, la iglesia requiere programas y métodos al corriente para atraer y retener visitantes. Las siguientes conjeturas son importantes para el desarrollo de este proyecto:

1. Se supone que la mayoría de pastores de iglesia chica todavía usan métodos que dieron resultados en la iglesia antes de los 60's.

2. Se supone que algunos pastores descubrieron nuevos métodos que son mas efectivos en los 90's.

3. Se supone que si todas las iglesias usaran estos métodos mas nuevos, asistencia en la iglesia aumentaría significantemente en visitantes y miembros.

El Resultado Intentado

Se intenta que este proyecto disertación resulte en un libro manuscrito que al fin sea publicado en español para el uso de líderes hispanos. Esta disertación es diseñada para lograr cuatro metas:

1. El intento es de ayudar a líderes de iglesia local comprender su función en el alcance del perdido por mejor comprensión de las necesidades del visitante.

2. El intento es de ser una herramienta para asistir a las iglesias en desarrollar un ministerio de atracción de visitantes al educar a sus miembros acerca la importancia de este ministerio.

3. El intento es de ser un guía para denominaciones en el arte fino de balance de recursos, tiempo, y

personal entre expansión de denominación e iglesia local.

4. El intento también es de ayudar a la iglesia local en retener el 100% de los visitantes que hoy atrae.

Definiciones

Varias definiciones son centrales a este proyecto:

1. Visitantes de iglesia se refiere a esas personas que visitan una iglesia por primera vez o más que no son miembros de ninguna iglesia.

2. Atracción es un proceso que representa la iglesia y sus miembros al visitante para persuadirle venir para escuchar el Evangelio de salvación en la iglesia.

3. Retención es el proceso por cual la iglesia puede retener estos visitantes e incorporarlos en la membresía de la iglesia.

4. Iglesia Hispana es la parte del cuerpo de Cristo compuesto de hispanos (Mexicanos, Puerto Riqueños, Haitianos, Cubanos, Nativos de Centro y Sur América, etc., así como hispanos nativos de Norte América).

5. Pastor hispano generalmente es el pastor de cualquiera de las previamente mencionadas iglesias hispanas.

6. Resultados malos son el resultado de esfuerzos

de largo tiempo con poca o nada de aumento numérico.

7. Resultados de atracción son el resultado de intentos con aumento o crecimiento numérico substancial.

8. Resultados en aumento son logros de implementación continuada de nuevas ideas y estrategias.

9. Métodos se refiere al proceso o procesos para lograr tal objeto.

10. Programas son las actividades usadas para perseguir o abarcar resultados deseados.

11. Actividades son acciones vigorosas 0 energéticas para lograr funciones deseadas.

12. Estrategia es el uso de planificación cuidadosa 0 de hacer preparaciones hacia la meta.

13. Cultura es la totalidad de una manera de vivir socialmente aprendida: valores, costumbres, creencias, valores estáticos, expresión lingüística, formas de pensar y percibir, normas de comportamiento, y estilos de comunicación que un grupo de gente ha desarrollado para asegurar su operación de funciones y sobrevivir en cierto contexto y ambiente físico.

14. Sub-Cultura es un grupo de gente dentro de la estructura sociopolítica quienes comparten características culturales (a menudo lingüísticas) cuales son lo suficiente distintivas como para distinguirles de otros dentro de la

misma sociedad.

15. Raza es un concepto más nebuloso usado (pero a menudo mal usado) para identificar grandes grupos de humanos quienes comparten más o menos distintivas combinaciones de características genéticas y hereditarias físicas.

16. Clase es un estrato de gente dentro de la sociedad que comparten unas características básicas económicas, políticas, educativas, o
culturales que les da una ventaja o desventaja en el sistema social.

17. Comunicación entre-cultura es la transmisión de mensajes del enviador a un receptor de distintas raíces culturales en una o más variedad de códigos - ambos verbal y no verbal, inclusive lenguaje, gesticulaciones y señas, símbolos escritos y no escritos, etc. a cuales el enviador y receptor atribuyen sentido. La meta de la comunicación es la transferencia del mensaje con la menor pérdida de contenido posible.

18. Contextualización es acoplar el enfoque del contenido, el método teológico, y técnica de comunicación del Evangelio al "contexto" de cierta gente y cultura.

Temas Bíblicos y Teológicos

Muy poco se encuentra en la Biblia tocante la atracción y retención del visitante puesto que la iglesia temprana no estaba totalmente establecida. El material bíblico presentado seré estudiado para determinar su efecto sobre el tema de la identificación de las formas que las Escrituras tratan con situaciones de atracción y retención de visitantes.

Una Escritura clave que ilustra un método importante para allegarse a futuros conversos.5 Parece como que el Señor Jesús se preocupó por estar en el pozo ala sexta hora cuando se acostumbraba que la mujer sacara agua. Jesús principio la conversación con la mujer Samaritana en el pozo usando el tema del agua. Jesús pudo haber sacado su propia agua del pozo. En realidad, es probable que cualquier rabí judío lo hubiera hecho para sí mismo. Esto es lo que los discípulos pensaron cuando encontraron a su rabí hablando con la mujer Samaritana en el pozo en el verso 27. La conversación entre la mujer y Jesús es única. Jesús se presentó a esta mujer como el agua viva (verso 10). Él comprobó a ella quien era Él al revelarle su vida de pecado actual. Viendo que Él no era

---

5. *Juan 4:1-42, la conversación con la mujer en el pozo.*

hombre ordinario, ella le preguntó a Él si era un profeta o el Cristo (versos 19 y 25). Toda la conversación resultó en ella encontrar a Cristo y luego ir al pueblo para traer a otros a Cristo.

Este pasaje enseña que la iglesia debe ir a donde estén las almas, a pesar de quien sean, y atraerles por algún medio al Evangelio de Jesucristo. Esto es exactamente lo que hizo Jesús por primero obedecer las palabras del Padre al ir a la oveja perdida de Israel. Verso cuatro dice que Él, por necesidad, tuvo que cruzar por Samaria. Esta necesidad enseña la lección de llevar el Evangelio a una gente o grupo a quien nadie más les habla. Cristo atrajo a El relata útil de la mujer en el pozo de Jacob en Juan 4 es la Samaritana al pedirle agua, y esto permitió que el prejuicio entre los judíos y los samaritanos surgiera. Entonces Él se dirigió a la necesidad espiritual de la mujer al confrontarla con la situación matrimonial actual. Por medio de este encuentro, Cristo desarrolló el modelo para usar en atraer a visitantes.

Otro pasaje clave se encuentra en el libro de los Hechos donde el Apóstol Pablo discutió a Cristo y Su resurrección con un grupo de judíos y griegos.6 El lugar es

---

6 *Hechos 17:22ff, La predición en Areópago.*

conocido como la Colina de Marte donde estaba la estructura del Aerópago y el concilio del Aerópago se convocaba para escuchar extranjeros hablar de nuevas cosas. Fue aquí donde el Apóstol Pablo fue invitado a hablar de esta nueva enseñanza. El Apóstol Pablo principió por hablar de Dios y Su plan de enviar a Su Hijo a morir por los pecados de la gente. El usó un altar que los atenienses construyeron en memoria del DIOS NO CONOCIDO. Este altar fue construido por los atenienses para apaciguar a cualquier dios que pudiera ser ofendido por no haber un ídolo o estatua en su nombre. El Apóstol Pablo, usó este altar al DIOS NO CONOCIDO para introducir a su Dios y Cristo.

La iglesia, también, puede buscar tales cosas para abarcar las conversaciones con gentes que no son conversas. El incidente de la Colina de Marte fue a propósito par el apóstol Pablo para establecer la conversación. Este método que usó el apóstol Pablo es similar al que Jesús usó con la mujer Samaritana. Miembros de la iglesia también pueden buscar similares oportunidades para establecer intereses comunes E invitar a la gente a la iglesia.

En el libro <u>Always Advancing</u>, Daniel Reeves tiene un capítulo en titulado "<u>Prescripciones y Veredas</u>" en el cual el escribe:

"Varias nuevas medidas que están ayudando a las congregaciones a planear programas con mas efectividad para relatar con crecimiento ... Otro término para veredas de crecimiento es flujo de gente; es decir, los medios por lo cual familias sin iglesia se mueven hacia membresía responsable. Este flujo envuelve procesos de conversión, restauración, y madurez ....
Sistemas de flujo de personas proveen el armazón para poner metas, para preparación de estrategias, y medir efectividad. Analistas de flujo de gente son sensibles a personas en cambio. Creen que muchas de las presentes estrategias son in efectivas porque trabajadores de crecimiento de iglesia trabajan contra la corriente de movimientos sociales. Movilidad vertical es una realidad de la sociedad actual. Como fuerza neutral, puede trabajar a favor o en contra de crecimiento de la iglesia. Iglesias que reconocen sus valores pueden proveer el reconocimiento apropiado de personas enredadas en su corriente... Tales ajustes ilustran la diferencia entre estrategias que van contra la corriente y con la corriente. Estrategias de flujo de personas también reconocen y anticipan corrientes sociales."[7]

El Dr. Reeves ademas explica la misión del Señor en el pozo. El pozo de Jacob presenta una vereda donde gente de este tiempo iba para adquirir agua para uso diario. Cristo representa el Cristiano que busca estos caminos y la mujer es el visitante que busca el agua de vida. La conversación entre los dos seguramente es evangelística, y el resultado es Cristo quedándose dos días más en ese

---

[7] *Daniel Reeves, Always advancing: Moderm Strategies for Church Growth (San Bernardino, CA: Here's Life Publishers, Inc., 1984), 67-70.*

pueblo. Hubo una posibilidad de arrepentimiento, puesto que hubo evidencia de cambios en el corazón de la gente. Este incidente revela el hecho que la atracción del visitante no necesariamente tiene que ocurrir a la puerta de un santuario. Atracción de un visitante puede ser por cualquier método por cualquier persona, programa, actividad o proceso en cualquier lugar, por cualquier persona. Lo mismo es cierto en la retención del visitante. Este trabajo no necesariamente tiene que llevarse acabo en la iglesia.

Otro ejemplo de atracción de visitantes se encuentra en los Hechos 11:19-26. Este es el pasaje famoso donde los discípulos de Cristo son conocidos como Cristianos por primer vez. En este pasaje muchos creyentes fueron a varias ciudades de Jerusalén a causa del incidente de la muerte de Esteban y su miedo de persecución. Algunos de los discípulos llegaron a la ciudad de Antioquía. Allí empezaron a esparcir las buenas nuevas de Cristo y pronto lograron una pequeña bola de oidores o visitantes. En orden de retener y convertir estos visitantes, la iglesia de Jerusalén envió a Barnabas a Antioquía. Al llegar a la ciudad de Antioquía, Barnabas empezó a utilizar su don de organización y organizó 1a confraternidad. Al ver que necesitaba dones de predicar y enseñar, viendo que aparentemente no los tenia, sintió la necesidad de invitar a

Saulo de Tarso que viniera a unirse con el en la cosecha de los santos.

Este tipo de evangelismo es similar al método usado antes por Cristo en atraer visitantes. Este método de atraer visitantes era de predicar el Evangelio. Esta Escritura claramente enseña que por medio de la enseñanza, predica y confraternidad de los santos, visitantes serán atraídos a la iglesia, posiblemente resultando en conversión.

Hoy, muchos líderes de iglesia son repelados por la palabra "evangelismo," especialmente en el proceso de ir puerta en puerta. Joe Aldrich en su libro **_Life Style Evangelism_** escribe:

> *"A causa de contacto con modelos de evangelismo no buenos, la empresa evangelista ha sido dañada. A menudo es la metodología de algunos de esos modelos que ofende las sensibilidades de Cristianos interesados. A veces son artificiales y no natural. Muchos Cristianos tienen objeciones personales hacia algunos métodos de "ganar" al perdido. Trucos, cuestionarios, fastidiar, asaltos evangelísticos, y lo rudo de algunos testigos les hace huir. El resultado es que el evangelismo llega a ser algo muy mal entendido; algo por lo cual muchos juran por él ... o contra ello."* [8]

Muchos trabajadores evangelísticos han sido maltratados por la misma gente a quien tratan de dar testimonio.

---

8 Joe Aldrich, Life Style Evangelism (Portland, OR.:) Multnomah Press, 1981), 19.

requiere persona muy especial para mantener continuamente una buena actitud de alcanzar a la gente para Cristo cuando la gente continuamente le cierra las puertas en la cara y le dice cosas. Investigaciones recientes en el norte del estado de Tejas descubrieron que de unos cincuenta hogares visitados, uno de seis hogares actualmente abrieron sus puertas para actualmente ver quien tocaba, y uno de diez actualmente estaba dispuesto a hablar. De esos cincuenta hogares solo dos parecían estar interesados en el Evangelio. No es muy sorprendente que muchos líderes sienten que el mandar personas a evangelizar de golpe es inútil. Aun así, la idea de visitantes en cualquier iglesia parece avivar cualquier congregación.

Nueva terminología junto con nuevas ideas, programas, actividades y métodos tienen que ser presentados a las iglesias en orden de aumentar el tamaño de trabajadores en la iglesia. Iglesias hispanas, tradicionalmente Pentecostés, necesitan nuevos modos de animar a su gente y líderes para alcanzar a nueva gente con el Evangelio. Hoy la iglesia local, con la capacidad de evangelizar y dar testimonio, esta, con sus edificios y gobiernos denominacionales, falta de trabajadores. El extenderse a la gente con el Evangelio en algunas iglesias es un arte extraviado. Si la iglesia local va a heredar el reino de Dios, necesita poner sus restantes recursos y personal hacia la meta de ser Evangelística, presentar todo el Evangelio, y ser sensitivos a las necesidades culturales del que no asiste a una iglesia.

Repaso de Literatura

La necesidad de un libro sobre un tema como atracción y retención para iglesias hispanas ya hacía falta. Iglesias hispanas han estado luchando por las últimas décadas para atraer y retener visitantes. En realidad, pastores jóvenes hoy creen que los programas y metodología de ayer está claramente fuera de tiempo y nuevas formas tienen que ser inventadas y perfeccionadas para aumentar la asistencia de visitantes en iglesias locales. Pequeñas iglesias locales no buscan crecer por miles, pero sí desean seguir creciendo. Porque hay multitudes de gente sin iglesia separados por indiferencias de generación, estilos de adoración y predica separados y distintos, tienen que verificarse varias veces durante la semana para atraer perdidos en América. Porque este fenómeno ha sorprendido a muchas iglesias pequeñas, pastores y líderes de iglesia buscan nuevas maneras de traducir las necesidades de estas generaciones de almas perdidas en las filosofías litúrgicas as del ministerio de la iglesia.

Uno de pocos libros en este ramo fue escrito por Robert L. Blast. En su libro, '**Attracting New Members**', Blast da una sobre vista de los procesos en el desarrollo de un gran plan de atraer visitantes. El es ministro de evangelismo para la Iglesia Reformada en América, de cual ha logrado mucha comprensión en el área de atraer visitantes. Aunque lo que el dice puede ser ventajoso para la mayoría de iglesias de habla ingles y tiene mucho que ofrecer, creo que falta la comprensión que otras culturas necesitan. Es obvio que el no intento escribir para una situación global.

Por otro lado, algunas cosas dichas son principios que se pueden traducir en otras culturas. Esto es lo que es importante en este u otros libros: si lo que el y otros dicen puede traducirse directamente a otras culturas, o si es algo único dirigido a una cultura específica par el autor. El libro de Blast en su totalidad es de beneficio como regla general. Él escribe y bosqueja sus capítulos bien y conduce al lector a comprender el proceso de atraer al visitante a la membresía de la iglesia. Una debilidad evidente es que solo da pocos ejemplos citando iglesias y pastores haciendo tal trabajo. Esta es generalmente una falla de un escritor que tiene suficiente experiencia directa en el campo que el esta exponiendo en sus escritos.

Un ejemplo en capítulo 3, Robert L. Blast da tres pasos para atraer al visitante por primera vez.

Paso #1 es anunciar,

Paso #2 es programación, y

Paso #3 es invitación.

Blast cita a Lyle Schaller quien dice que una iglesia debe gastar lo mínimo de 5% de su presupuesto en anuncios. Sigue a decir que lo que se debe anunciar es el programa de la iglesia. En el tercer paso señala que el mejor método de atraer es que la iglesia invite. Cualquier restaurantero o negociante dicen que ellos anuncian. Declaran que no paga anunciar pero que el 95+% de sus clientes vienen por anuncios de boca. Blast solo gasto una página en este muy importante tercer paso.

En la opinión de muchos otros autores, el paso tres es el primero que se debe aplicar. Porque la invitación es el más exitoso y único recurso en que la iglesia puede confiar perdidos en América. Porque este fenómeno ha sorprendido a muchas iglesias pequeñas, pastores y Líderes de iglesia buscan nuevas maneras de traducir las necesidades de estas generaciones de almas perdidas en las filosofías litúrgicas del ministerio de la iglesia.

Otro trabajo mas temprano sobre atracción y retención de visitantes y miembros de la iglesia es un libro estimu-

Lado, 'How to Attract and Keep Active Church Members' por Donald P. Smith. La mayoría del material en este libro trata de crecimiento de la iglesia por la retención de miembros. Proviniendo de ambiente Presbiteriano donde la mayoría son protestantes con membresía en gran decline, él presenta datos e ideas interesantes sobre cómo retrasar el decline y quizás pararlo por completo. El libro a menudo usa terminología Presbiteriana. Sin embargo, las ideas se aplican a otras denominaciones. Aunque este libro, estrictamente hablando, da resultado con las sugerencias de atracción y retención de membresía, algunas ideas pueden servir para la atracción de visitantes.

Por ejemplo, en el capítulo dos, Smith habla de suplir diferentes necesidades de miembros de iglesia como forma de unir varios miembros de la congregación unos con otros. Estas mismas ideas pueden dar resultado entre miembros y visitantes. El nota que, "iglesias unidas suplen diferentes necesidades de sus miembros. Algunas lo hacen con naturaleza, otros a propósito." [9]

Siente que la iglesia debe suplir las necesidades espirituales, sociales, psicológicas de la gente o si no va a

---

[9] *Donald P. Smith, How to Attract and Keep Active Church Members (Louisville, KY: Westminister/John knox Press, 1992), 23.*

a crecer. Sin embargo, no solo los miembros necesitan esta sanidad, también los que no asisten a una iglesia que visitan.

Otro principio interesante y multidimensional es el capítulo cerca amistades y actividades. Smith sigue a comprobar en el capítulo tres que amor tierno con amor por la vida son como la resina y endurecedor de pegamento epoxídico. *"Juntos cementan la lealtad del miembro a la congregación. Si uno es disminuido, los vínculos sufren."*[10]

Smith cita las razones por las cuales las iglesias se han olvidado de ser amistosas. Declara:

> *"Las presiones de nuestra sociedad móvil han fragmentado la vida para la mayoría de americanos. Por lo tanto, es especial-mente importante que la iglesia facilite desarrollo de amistades significantes. Nuestra cultura ha cambiado de comunidad local a familia extendida, a familia nuclear y por fin al individuo solitario mudándose de lugar a lugar, de institución a institución, tratando con cada una si, y cuando sirve sus necesidades e intereses."* [11]

Él siente que la fragmentación que esta sociedad ha pasado ha creado un vacío en el área del desarrollo de amistades. Personas en la congregaciones tienen que

---

[10] **Smith**, *35.*
[11] Smith, 47.

re-aprender cómo formar y madurar relaciones amistosas.

En el libro, **Church Growth Principles: Separating Fact from Fiction**, de C. Kirk Hadaway, hay mucha información concerniente a la visitación. Él enseña en el primer capítulo que la iglesia que está creciendo tiene como cosa central el crecimiento intencional. Cita varios autores diciendo, *"visitación es enfatizada en campañas de crecimiento en la Escuela Dominical, en programas de capacitación de testificar, y en la mayoría de libros sobre crecimiento de iglesias."*[12] Prosigue a citar a Callahan, Larry Lewis, Lyle Schaller, y Paul Powel como hombres que han escrito libros sobre la visitación y atracción de visitantes.

Hadaway señala el uso de avivamientos y eventos especiales para alcanzar visitantes. Pregunta: "¿Son avivamientos, días de mucha asistencia, y otros eventos relacionados al crecimiento de la iglesia?" Su respuesta es "sí, si se usa propiamente."[13] Cita encuestas mostrando que tantos como 90% de las iglesias en crecimiento tienen días de máxima asistencia de visitantes. Sigue a comprobar que iglesias que han cumbrado o están en decline de

---

[12] C. Kirk Hadaway, *Church Growth Principles: Separating Fact from Fiction* (Nashville, IN. Broadman Press, 1981), 21.
[13] Hadaway, 27.

membresía tienen por miembros hasta la tercera a mitad de los visitantes por medio de técnicas de reclutación.

Hadaway declara: "*Avivamientos, días de Amistad, Domingos de Alta Asistencia, Días Gigantescos de Visitantes, Días de Bancas Llenas, Super Domingo, y más pueden resultar en crecimiento, pero a menudo no, porque los visitantes no son visitados bastante pronto.*"[14] Aparentemente, visitación y asimilación son las claves para cambiar un día de alta asistencia en crecimiento. Visitas a visitantes pueden hacerse semanalmente y deben continuar por vanas semanas y aun meses.

En capítulo siete, Hadaway hace una declaración importante:

> *"Una iglesia tiene que poder atraer un chorro continuo de visitantes porque solo un pequeño porcentaje de los que visitan llegaran a hacerse miembros: y porque esta es una sociedad muy móvil, una fuente regular de adiciones es necesaria para que las iglesias se mantengan y evitar el decline--cuanto más empezar a crecer."*[15]

Hadaway da énfasis al hecho de que se ha comprobado consistentemente que la mayor fuente de encontrar, traer, y retener visitantes es de los miembros mismos.

---

[14] Hadaway, 27.

[15] Hadaway, 125-126.

"Casi cada libro sobre Crecimiento de Iglesias que menciona las mayores fuentes de nuevos miembros cita investigaciones concerniente el porcentaje de nuevos miembros quienes se enlistaron o visitaron por primera vez a causa de una invitación de parte de un amigo o miembro de la familia."[16]

Los resultados aparecen tan consistentes que se puede decir que la mayoría de gente asisten ala iglesia por primera vez debido a este tipo de invitación.

En la obra de Lyle E. Schaller **44 Ways to Increase Church Attendance**, cada capítulo esta lleno de ideas y técnicas para aumentar y atraer visitantes. El capítulo dos ofreció más información concerniente al tema de esta disertación.

El capítulo dos trata de la expansión de un solo servicio los domingos a dos o más servicios. La idea de cambiar a múltiples servicios el domingo automáticamente aumentará la cantidad de visitantes a la iglesia. Servicios múltiples permiten al visitante más oportunidades de venir a la iglesia. La mayoría de iglesias que han acostumbrado el servicio tradicional podrían resistir y resisten el concepto de servicios múltiples en un domingo.

En realidad, una buena razón para añadir servicios múltiples es que si la iglesia es muy tradicional para los visitantes y la comunidad vecina, lo cual puede ocurrir si

---

[16] *Hadaway, 125.*

la iglesia ha crecido desde adentro por buen número de años y la comunidad ha cambiado de cultura, el servicio tradicional puede continuar con sus costumbres y cantos respectivos mientras los visitantes son asistidos por los miembros regulares que desean ver el crecimiento. Mientras el servicio tradicional sigue su curso, el nuevo servicio puede dirigirse hacia un nuevo ambiente, una nueva hora, y nuevas metas para crecimiento. Esto a la vez causaría que la iglesia se concentrara en la creación de una nueva y totalmente diferente congregación.

Schaller expresa la idea como sigue: "La razón principal para tal propuesta, en lugar de intentar de combinar gente que no tiene iglesia con una congregación ya establecida, es que la mayoría de adultos son mas receptivos a la súplica de ayudar a calar algo nuevo en lugar de responder a una invitación de agregarse a un grupo ya existente a menudo exclusivo."[17]

Es muy interesante leer los muchos ejemplos de cómo miembros de iglesia y líderes pueden ser los que enseñan a miembros como reaccionar hacia visitantes. Herb Miller en su libro **How to bullid a Magnetic Church** da un ejemplo que es tan común en las iglesias. El título de

---

[17] Lyle E. Schaller, *44 Way to Increase Church Attendance* (Nashville, TN: Abingdon, Press, 1988), 52.

este ejemplo es "Calor en el Púlpito" el cual da una vista ligera de lo fácil que es de permanecer distante del nuevo visitante y causar la impresión de que el visitante no es bien venido.

El cuento lee:

"Una mujer en una iglesia en decline escribió en la hoja de datos del consultante: una familia que está en busca de una iglesia ha visitado nuestra iglesia varias veces. Yo estaba detrás de ellos encola después del servicio cuando llegaron al pastor. Él volteó y estaba platicando con alguien que estaba en un armario con la mana medio extendida a los visitantes. Nunca reconoció su presencia." [18]

¿Escogería usted esta iglesia como su nueva iglesia?

Miller sigue para decir que esto no fue un incidente aislado, sino algo que toda la iglesia hacía porque la gente no adoptaba ni emulaba la actitud, estilo, y comportamiento modelado por sus líderes. Miller sigue por todo su libro dando ejemplos de cómo quitar esas cosas que no dejan a la iglesia ser vibrante y atractiva. Da nueve secretos que hacen a la iglesia ser como un imán.

Un excelente libro para usar como guía en aprender cómo guía en aprender cómo se encuentran las vidas de almas sin iglesia es el libro **The Contagious Congregation** por George G. Hunter III. El autor de este libro dice

---

[18] *Herb Miller, How to Build a Magnetic Church(Nashville, TN: Abingdon, Press, 1987), 65.*

conmotivos humanos. *"Efectiva comunicación del Evangelio principia con una demostración de su pertinencia."*19 Hunter cita al inglés Donald Lord Soper, *"Tenemos que principiar donde esta la gente, en lugar de donde quisiéramos que esté."*20 Hunter cree que el punto de contacto entre la gente y el Evangelio son las necesidades, esperanzas, deseos, temores, y más profundos motivos. Jamas ha sido tan claro que seres humanos tienen tantos motivos. El cristianismo tiene que armarse de todo el Evangelio y su poder para suplir toda necesidad básica que humanos ejemplifican en sus vidas.

Hunter dice:

*"El trabajo del evangelista es dar con el teatro de batalla, para formar un plan, y conseguir los recursos Cristianos apropiados para la batalla."*21

Hunter usa la Jerarquía de Motivos Humanos de Maslow para ayudar a sus lectores entender donde los que buscan una iglesia necesitan ayuda en la vida. Si el evangelizador o miembro de la iglesia puede aprender la Jerarquía de Necesidades Humanas de Maslow, sabrá cuales necesidades y como suplirlas. El evangelizador

---

19 George G. Hunter III, The Contagious Congregation (Nashville, TN: Abingdon Press, 1979), 39.
20 Hunter III, 39.
21 Hunter III, 40.

presentará a Cristo Jesús como el Jehova-Jirah para esa necesidad.

Otro interesante punto en el libro de Hunter tiene que ver con el comunicar el Evangelio a personas seculares renuentes. Este capítulo es muy interesante porque muchos miembros de iglesia sienten que tienen que esperar que las almas entren a su iglesia de su propia cuenta, y se ha comprobado que esto raramente ocurre. Como se dijo anteriormente, la iglesia tiene que ser intencional en su búsqueda del perdido si desea que su membresía crezca.

La iglesia común va a tener que enseñar a sus miembros cómo ser intencional en su forma de hablar con los que no conocen a Cristo como su Señor. Sin duda en su búsqueda de gente perdida, miembros de la iglesia encontraran personas resistentes al evangelio. Como resultado los miembros o discontinuarán buscando esa gente o se prepararán para una enseñanza larga y paciente acerca de Cristo a este oidor aparentemente resistente.

Hunter da cinco áreas que han sufrido secularización y están en fuerte necesidad de ayuda evangélica. Lo primero es ignorancia y es el Evangelio de Cristo Jesús que tiene el poder de quitar la ignorancia y poner en su lugar sabiduría y verdad. El segundo es muerte; de nuevo el Evangelio puede presentar vida en Jesús. El tercero es culpabilidad de una vida enterrada en el pecado, y el Evangelio es la única respuesta para este dilema. El cuarto es duda-de nuevo, duda solo puede ser remediada por fe en Jesús. La última área es el pertenecer. Hoy tres grandes miedos son no pertenecer, seguridad, y no ser amado. Estos miedos han dominado a mucha gente que no conoce a Cristo, dejándolos sintiéndose en derrota.

Diseño del Estudio

Esta disertación se escribió con el intento de hacerse en un libro. Consistirá en dos partes. Parte uno consistirá en la idea de la atracción de visitantes en estos días difíciles para la iglesia. Parte dos tratará de preocupaciones y temas en retención de visitantes más allá de la primer visita. Jesús indicó que la iglesia puede hacer gran trabajo cuando Él dijo, *"El que en mí cree, las obras que yo hago, él las hará también; y aun mayores hará, porque yo voy al Padre."*[22] En otro pasaje Cristo dijo a Sus discípulos, *"pero recibiréis poder, cuando haya venido sobre vosotros el Espíritu Santo, y me seréis testigos en Jerusalén, en toda Judea, en Samaria, y hasta lo último de la tierra."*[23] La mayor lucha para cualquier iglesia es de poder atraer

---

22 Juan 14:12, Conversación con Cristo sobre el hacer mayores obras que Cristo.
23 Hechos 1:8, Conversación con Cristo acerca el alcanzar al mundo.

al perdido y poder procesarlo en cristianos adultos maduros quienes continuarán atrayendo los que les rodea en la perdición.

La formulación de un plan útil para atraer y retener visitantes es el tema que esta disertación entretiene. Hay muy pocos libros escritos acerca retención de visitantes. Una de las razones por esto es, por supuesto, por el tremendo esfuerzo y trabajo puesto en programas evangelísticos y en incorporar y asimilar nuevos convertidos. En el pasado, programas evangelísticos han ayudado en alcanzar gente perdida por medio de diversos métodos. Sin embargo, la cosecha de hoy tiene que lograrse en la hora de necesidad de la persona. El estilo y mecanismos para alcanzar las almas perdidas hoy no tendrá éxito si se hace por medios directos. Es la opinión de este escritor que la primer ola de evangelistas que se encuentren con los perdidos serán hombres y mujeres que practiquen los ministerios de Andrés y Barnabas.

Él ministerio de Andrés es evangelismo. El trabajó específicamente para traer al perdido a Cristo. En el Evangelio de Juan, Andrés es el discípulo que escucha a Juan el Bautista hablar de Cristo como el Cordero de Dios."[24]

---

[24] *Juan 1:35-42, El trabajo de Andrés en traer a su hermano Simón Pedro a Jesús.*

Después de seguir a Jesús, se fue a encontrar a Simón Pedro su hermano para traerlo a Cristo. Se cree que los "Andreses," o el ministerio mostrado por ellos, son los que buscan al hombre para traer lo a Cristo. El ministerio de Andrés es de los miembros de congregación que se preocupan de más por atraer visitantes a su iglesia.

El ministerio de Barnabas, también es evangelístico, pero el énfasis está en forjar amistades. En el libro de los Hechos, Barnabás se encuentra diligentemente trabajando para organizar y conectar a visitantes con nuevos convertidos. En Hechos 4:36-37, Barnabás es el hijo de consolación, quien teniendo propiedad, la vende trayendo el dinero a la iglesia. El es un dador y compartidor. En Hechos 9:26, 27, Barnabás es visto como orientado hacia el co-trabajador, lo cual es la razón por la cual Barnabás tomó a Saul y lo trajo a los apóstoles. En Hechos 11: 12, Barnabás es un líder sirviente; en 11:25, 26, es el rompe metas; un ayudante en 11:29, 30, y un animador en 15:39. El ministerio de Barnabás se puede ver como un ministerio cual, por medio de establecer relaciones, ayuda a retener visitantes que vienen a la iglesia.

Resumen

Es la conclusión de este escritor que hay necesidad de trato popular, construido de un bosquejo bíblico, con materiales contemporáneos demográficos tomados de iglesias hispanas para asistir en la aplicación. Además, la mayoría de los libros escritos son para líderes interesados en iglecrecimiento. Este libro se construirá para el lector de inglés al principio, pero con tiempo, será traducido al español para pastores y líderes hispanos. Todo dato perteneciente para este proyecto se tomará estrictamente de iglesias hispanas, así dando al lector hispano mejor acceso al material encontrado en este libro.

CAPÍTULO DOS
ATRACCIÓN DE VISITANTES

Recientemente tuve el privilegio de trabajar con una iglesia establecida en el área de San Bernardino, California. El pastor, un buen amigo mío, me había pedido le ayudara a entrenar miembros de su congregación en el área de evangelismo. Dos años antes de esta invitación, los miembros celebraron 75 años de existencia. Por mucho tiempo, esta iglesia había sido sobrevivido por ancianos hasta que este nuevo pastor vino y empezó a mover a la iglesia hacia el crecimiento. Antes del arribo del nuevo pastor, la iglesia había sido "bautizada" como la "congregación del Ben Gay."

La iglesia estaba en triste necesidad de transfusión de atracción y retención de visitantes. Principiando con el servicio nocturno del domingo, yo estuve al fondo de la iglesia en las puertas de la entrada principal. Tres madres jóvenes con niños entraron, y pronto intervenimos para colocarlas en una de las bancas de atrás donde solo había un miembro anciano sentado. El ujier señalo con la mano que las tres mujeres vinieran a sentarse en esta banca. El miembro mayor sentado en la banca se para para que las mujeres pudieran pasar lo mejor que pudieran. Había muy poco espacio entre las bancas, debido a la remodelación recientemente terminada para crear lugar mismo para más bancas. Luego se le indicó al miembro mayor que se recorriera a la orilla de la banca cerca de la ventana. El miembro mayor tomó sus dos bultos que estaban sobre la banca (tomando lugar valioso para sentarse) dejando lugar como para una persona. Luego volteó para ver si un espacio era suficiente, notando que se requería más lugar. Él expresó frustración al tener que moverse más. Era a este momento que dos de los visitantes pudieron sentarse, luchando con sus niños quienes todavía estaban parados en el espacio entre bancas, estorbando lo que pasaba sobre la plataforma. El miembro mayor estaba luchando por escuchar lo que ocurría en la plataforma. Estaba molesto por el movimiento y ruido creado por los visitantes y sus niños al luchar al acomodarse a la vez. Nunca se le ocurrió al miembro mayor que si los bultos fueran colocados debajo de la banca en el piso delante de él que habría más campo donde todos podrían sentarse cómodamente.

Por fím, uno de los ujieres vio el problema y pidió al miembro mayor que por favor pusiera los bultos debajo de la banca para que todos pudieran sentarse mejor. El miembro a fuerzas obedeció, y el problema se resolvió.

En una situación donde los miembros no son animados o requeridos a ser intencionalmente sensitivos al visitante, el problema de como atraer y retener visitantes se vuelve crítico. En la cultura hispana, como en otras, personas que buscan una iglesia de su propia cuenta generalmente están en su ultimo intento de encontrar una solución a su dolor o sufrimiento. Esta gente duele tan profundamente que buscan cualquier tipo de solución para su dilema. Los números de gente en busca de una iglesia son tan pequeños en comparación a los números que la iglesia necesita para seguir creciendo. Entonces, el problema de encontrar y retener visitantes para cualquier iglesia es crítico para el bienestar a largo tiempo de la congregación. El tener incidentes como el de arriba puede matar cualquier oportunidad que la iglesia pudiera tener en el intento de atraer y retener visitantes.

C. Kirk Hadaway escribe:

"Una iglesia tiene que poder atraer un chorro continuo de visitantes porque solo un pequeño porcentaje de los que visitan se harán miembros; y porque esta es una sociedad muy móvil, una cantidad de adiciones regular es necesaria para que las iglesias permanezcan iguales y evitar el decline-mucho menos principiar a crecer."[1]

---

[1] C. Kirk Hadaway, *Church Growth Principles: Separating Fact from Fiction*, (Nashville, TN: Broadman Press, 1991), 125

Una iglesia crece por tres medios.

1. El primero es llamado crecimiento biológico, es decir, por medio de niños que nazcan entre miembros.
2. El segundo método es llamado crecimiento transferido. Este es el crecimiento que ocurre cuando la gente se muda de una iglesia a otra.
3. El tercer método se llama crecimiento de nuevos convertidos. Este es el método de traer nuevos miembros iglesia por medio del evangelismo.

Además de crecimiento por lo biológico, es importante que la iglesia aprenda como atraer nuevos visitantes. Lo que pudiera atraer una persona o familia no necesariamente atraerá otra persona familia. Lo que atraiga a una persona de una cultura no necesariamente atraerá otros de otra cultura. Aquí queda el dilema de desarrollar un plan útil de atracción y retención de visitantes. A menudo en el pasado, las iglesias han señalado una cultura o tipo gente para asegurar el iglecrecimiento.

En ciudades grandes hoy, muchas comunidades de culturas y personas mixtas están en formación. Lo único que se tiene que hacer es manejar en las varias secciones étnicas de algunas ciudades grandes para ver como están creciendo estas áreas. La mayoría de ciudades grandes en América han sufrido cambios culturales. Por ejemplo, la ciudad de Los Angeles originalmente fue habitada por indios e hispanos. Hoy tiene una de las comunidades de asiáticos más crecientes en América. Actualmente, en la carretera 60 en Pomona, uno puede ver tres distintos y separados centros comerciales muy cercas: el centro La Puente Hills, el centro Oriental, y al otro lado de la autopista restaurantes y tiendas hispanas. Aun comunidades planificadas están cortejando grupos selectos de gente tocante edad, estado en la vida, o riqueza.

Areas viejas residenciales más establecidas están pasando por cambios culturales cuando los jóvenes salen del hogar y sus padres se jubilan en otras áreas. No hay garantía que una iglesia encontrara la cultura o aun el tipo de gente que desea atraer en suficientes números para permitir continuo crecimiento de la iglesia.

Concepto de Atracción y Retención de Visitantes

El concepto de atracción y retención de visitantes es asociado con el entendimiento de algunos principios vitales en ambos, la perspectiva de la iglesia y la perspectiva del pueblo que trata de atraer. La forma que la iglesia usó para atraer la gente en los 50's no se compara a los métodos usados en los 90's. El perfil de la gente en general en los 50's era mucho más amistosa y hospitalaria.

En los 90's, la gente a propósito busca aislarse al punto de alienarse del resto del mundo. La vida rápida y de cambio constante de la sociedad actual causa que la gente pase más tiempo solos o con su familia inmediata.

Joe Aldrich, autor del libro Life-Style Evangelism. lo dice así:

> *"Vamos a considerar algunas razones por cuales aparecemos ser "in efectivos" en comparación a los Apóstoles. Nuestra razón no es de disculparnos. Pero claramente necesitamos comprender algunas de las fuerzas o influencias que estorban nuestra efectividad. Primero, la necesidad de relacionarse con el siempre creciente número de gente en la vida diaria ha dañado nuestra habilidad de relatar efectivamente con aun una persona. Demandas relacionarse excesivas han dañado nuestras capacidades de relacionarnos. Sencillamente hay demasiada gente. Un paseo cualquiera por la calle me trae cara a cara con docenas de gente cada minuto. No puedo reconocerlos ni identificarme con ellos. Tengo que irme de paso y tratarlos con indiferencia como partes de la maquinaria en una correa de transmisión. Para empeorar la situación, densidades de habitantes de la mayoría de centros metropolitanos re-enforzan la indiferencia y I , alienación.*
>
> *Esta actitud de aislación se vuelve rutina ... esta falta de cuidado puede ser necesaria para mantener cierto equilibrio psicológico. Pero seguramente lastima el esfuerzo evangelístico. En tiempos que las relaciones son*

> *críticas al impacto del evangelio, descubrimos que una mayoría de Cristianos ni tienen contactos significantes con no-cristianos ni la habilidad de relacionarse en forma retentiva. Cuando se trata de relacionarse con la gente, encontramos que entre mas grande, no siempre es mejor."* 2

Este Fenómeno principió en el mundo occidental después las grandes revoluciones políticas y tecnológicas del siglo presente. El hombre se libró de la rigidez de previas sociedades; pero al hacerlo, se retiró de todo lo que le ató a un mundo de relaciones estables. Hoy, el hombre a menudo es un forastero a sí mismo, al estar con otra gente. El hombre se siente perdido e incapaz regresar a modos de vivir más sencillos que sus padres frutaron. Añadirle a esto sentimientos de alienación y enhacinó las necesidades emergentes en la sociedad de que el hombre se mezcle y trabaje con personas de otras culturas y países y el resultado es personas cruzando barreras culturales con poca o nada de comprensión de los valores y necesidades uno del otro. En muchas de las ciudades mayores y menores de la nación, hay una variedad de culturas, valores, y necesidades de personas congregadas en grupos por todo lado.

---

2 *Joseph C. Aldrich, Life Style Evangelism (Portland, OR: Multnomah Press), 1981, 16,17.*

La humanidad tiene que integrarse con diferentes culturas para poder llevar los negocios de cada día.

En la iglesia normal, miembros de la congregación están resistiendo la idea de relaciones interculturales. La resistencia usualmente es interna, pero puede ser notada en culturas que están en posiciones opuestas del espectro. Con la continua entrada de nueva gente y grupos étnicos a los Estados Unidos, la iglesia continuara a luchar para educar sus miembros quienes resisten la idea de aceptar otras gentes en sus medios. Si toda la iglesia esta ciega a este problema entonces la habilidad de atraer y retener nuevos visitantes desminuirá al punto de perder su llamado al pecador solo por protegerse de la diversidad intercultural. Esta resistencia ha obligado a muchas iglesias a morir de edad y de diversas enfermedades. Ha causado la iglesia permanecer aislada y ha disminuido su fuerza de alcanzar al mundo para Cristo.

De esto se trata el concepto de atracción y retención de visitantes. Busca establecer un plan útil de atracción y retención de visitantes al ayudar a las iglesias a comprender algunos principios básicos pero vitales. Los principio se relacionan a percepción. El primer principio es la percepción que la iglesia tiene acerca los mandatos bíblicos.

La percepción que la iglesia tiene de sí misma y su llamado le puede ayudar a tener éxito en su misión o prevenirle desparramar el Evangelio y el crecimiento de la iglesia.

El segundo principio aplica a la percepción que la unidad tiene hacia la iglesia. Si la gente dentro del área donde se evangeliza tiene mal concepto de la iglesia, no la visitarán. Aunque la iglesia tenga una comunidad Única a la cual el Espíritu Santo quiera ministrar, y la gente que la iglesia necesita para sobrevivir y lucir, el reto de la iglesia va a consistir de sobrevenir los obstáculos que le estorben. Solo por ir más allá de los linderos de evangelizar establecidos y buscar esas gentes que de otra manera no buscaría, o entonces sentirá la iglesia la satisfacción de responder al llamado del evangelismo. Al extender su llamado a otras clases de gentes, la iglesia mejorara su crecimiento.

El tercer principio trata de la percepción de la iglesia hacia la comunidad. Aunque desee crecer en membresía, la iglesia quiere quedarse dentro de su propia cultura. Al encontrarse con personas necesitan se les ministre diferente de los de la iglesia, esto a menudo disuade a la iglesia de evangelizarlos. El trabajo de evangelizar fuera del área ya escogida resultara en muy poco crecimiento y distanciará la comunidad circunvecina, la cual es el área que el Espíritu Santo intentó iglesia tocara con el Evangelio.

Si la iglesia hubiera sido obediente en seguir el Espíritu Santo, hubiera cumplido la misión vital que Dios intentó para todas Sus iglesias. La comunidad de que se habla aquí es esa porción de la sociedad que ha sido abandonada por todos. Incluye a todo mundo desde borrachos al desahuciado sin casa, pandillistas a drogadictos. También incluye huérfanos, padres sin pareja, familias mixtas, matrimonios mixtos, y toda categoría de gente que tradicionalmente no han sido aceptados. Estos tres principios son las razones por las cuales las iglesias han experimentado introversión y crecen hacia adentro.

John Miller en su libro **Outgrowing the Ingrown Church** dice:

"De mis propias experiencias como pastor y como miembro de iglesia, yo tenia una firme idea de los rasgos esenciales para la iglesia introvertida; yo discerní que esas cualidades eran en algún grado desviaciones de lo normal de la iglesia del Nuevo Testamento. Pero antes de esto yo no había visto claramente que la introvertida iglesia reflejaba la resistencia incrédula ala voluntad del rey, según se expresó por Su mandato misionero. Después de España yo vi la iglesia introvertida

*ya no estar fuera de línea con la voluntad divina, sino radicalmente desobediente a ella. Al mismo tiempo realiza que la introvertida iglesia salía perdiendo en el respeto a la presencia misionera del Señor, cual autoriza las congregaciones de cumplir con la gran Comisión."*3

Curry W. Mavis vio un problema similar en la iglesia, y en su libro: **Advancing: the Smaller Church** el escribe:

*"Como personas, iglesias locales aveces son introvertidas. Así como el patrón de introversión en la personalidad humana, estas iglesias dirigen sus intereses y sus energías interiormente hacia sí mismas. Se preocupan principalmente de sus propios asuntos. Aveces gastan la mayoría de su atención la introspección espiritual que resulta en olvido de expresión espiritual en sus comunidades."*4

Iglesias sobre crecidas han aprendido como sobrellevar esta introversión, la cuales ha permitido llegar a ser iglesias grandes. El mandato de Mateo 28:19, Marcos 16:15, y Hechos 1:8 de ir por todo el mundo sobrepasa cualquier tradición, sentimiento y barrera cultural que estorbe el crecimiento.

Iglesias que rechazan cambiar con las necesidades comunitarias y que resisten atraer visitantes de un ambiente cultural cambiante se harán introvertidias.

---

3 John C. Miller, Outgrowing the Ingrown Church (Grand Rapids, MI: Publishing House, 1986), 27, 28.
4 Curry W. Mavis, Advancing the Smaller Church. (Grand Rapids, MI: Zondervan Publishing House, 1957),30.

Iglesias que sí cambian con las necesidades de sus comunidades llegaran a sobre crecer. La diferencia en percepción entre comportamiento sobre crecido e introvertido de los miembros puede cegar a la iglesia en sus habilidades de atraer y retener visitantes. Iglesias sobre crecidas toman cada posible ventaja de la composición de comportamientos y diferencias sociales para atraer y retener visitantes, y así tener una oportunidad de testificar y ganar los que están perdidos.

Iglesias introvertidas toman toda oportunidad de evitar contacto con grupos sociales diferentes a ellos, retrocediendo dentro de sus cuatro paredes, escondiéndose del cambio. Frank R. Tillapaugh en su libro **Unleashing the Church** llama a este método, "La Mentalidad Fortaleza."[5] El ve la misma cosa en la membresía de muchas iglesias, una mentalidad de permanecer dentro de la fortaleza para guarecerse así como los soldados lo hacían de los indios del poniente.

Comunidades que han sufrido cambios culturales tienen que encararse con la cultura o sub-cultura venidera para poder manejarla. Líderes comunitarios así como

---

[5] *Frank R. Tillapaugh,* Unleashing the Church, *(Ventura, CA.: Regal Books, 1978), 8.*

negociantes y comercios tienen que encarar directamente los problemas presentados por esta diversidad de culturas. Los problemas no se van a desaparecer con tiempo. Se tienen que resolver a todo costo. La iglesia en general tiene que hacer lo mismo si tiene la meta de hacer la diferencia en su comunidad para el reino de Dios.

La lucha de iglesias introvertidas de sobrevivir se hará mayor cada año. Entre mas se retire su membresía del área, les será más difícil encontrar grupos de cuales atraer gente. Los miembros que se hayan ido también tendrán dificultad al regresar ala misma iglesia en el mismo vecindario. La dificultad se tomara aumentadamente intolerable al punto que los miembros encuentren otra iglesia cercas de donde hoy viven. Si este proceso continua, la iglesia declinará y por fin morirá.

En atraer nuevos convertidos, la iglesia tiene que evaluar el mandato que la Palabra de Dios ha puesto en él. ¿Porque es esta valuación tan importante? La importancia del mandato supera las adiciones y limitaciones culturales que la iglesia se ha impuesto en sí misma. Muchas veces una iglesia se vuelve introvertida porque sus tradiciones y limitaciones culturales sobrepujan el mandato de extenderse hacia la gente diversa dentro del mandato. Cuando la iglesia llega a la conclusión de que el evangelismo es más importante que tradiciones y regulaciones, va a encontrar nuevas formas de traer y retener la gente a quien se extiende.

La iglesia también tiene que evaluar su perfil y sensibilidad en su gente. Tiene que empezar a enseñar a sus recipientes a ser más sensitivos a otros que no son como ellos. Sus miembros tienen que aprender nuevas formas de expresar a diferentes personas su amor y compasión para el perdido. Cuando la iglesia introvertida logra este trabajo, la iglesia entonces puede presentarse al mundo como un servidor. La iglesia demostrará al Cristo encarnado a sus visitantes y de tal manera cumplirá su destino como iglesia.

La congregación será animada a invitar nuevas gentes a la iglesia si tienen una idea de lo que la gente de la comunidad necesitan. Oficiales de iglesia, líderes, y pastores tienen que tener bastante buen entendimiento de cuales cambios están ocurriendo en el mundo y cómo estos cambios afectan al pueblo. Una iglesia que sabe las necesidades de la gente en su comunidad es la iglesia que busca las almas. Por lo menos la mitad del programa de una iglesia debe estar dirigido hacia necesidades comunitarias. La congregación debe ser enterada de cualquier y todo programa y actividad que la iglesia tiene para ofrecer a sus visitantes. La congregación necesita estar entrenada y equipada con el conocimiento de hacer al visitante sentirse bienvenido y ser recibido con amabilidad cada vez que visiten la iglesia.

Resumen

Este es un tiempo en que muchas profecías bíblicas podrían ser cumplidas en el futuro inmediato. Añada eso a la idea de que vivimos en el área y tiempos de mucha influencia de nuestras vidas con una gran diversidad de grupos étnicos por todo lado. Dentro de nuestro alcance hay muy poderosos elementos que pueden ayudar para extenderse, no solo dentro de la cultura propia, sino a casi toda cultura en el mundo. Para la persona cuya vida esta repleta del amor de Cristo, esto solo se traduce en evangelismo y extensión de la iglesia de Cristo todo lo posible. La iglesia hispana tiene dentro su propia cultura la habilidad de crear tal ambiente de amor, música, amabilidad, y ruido grato ante Dios cual puede actualmente atraer a muchos, aun diversas gentes al conocimiento de Cristo como su Salvador personal. El próximo capítulo tratará Del concepto de herencia, y con lo que Las generaciones de hoy tienen que luchar para atraer y retener visitantes.

Notas del Capítulo

CAPÍTULO TRES
HERENCIA

Historia del Desarrollo de la Iglesia Hispana

La iglesia hispana esta arraigada en varios brazos de la Cristiandad. Pero se cree que, la mayoría de los brazos hispanos provienen del Movimiento de Santidad del Metodismo (ver apéndice 1 en el cuadro "Un Arbol de la Familia Americana Pentecostés. También se cree, en su mayoría, que algunos de los brazos hispanos provienen de sus complementos de habla Inglesa poco después de los 1920. Por ejemplo, la "Asamblea de Dios," una organización hispana formada en 1914, proviene de su complemento de habla Inglesa, las Asambleas de Dios. "La Asamblea Apostólica de la Fe en Cristo Jesús, Inc," se organizó de hombres que habían sido convertidos por medio de tales hombres como William J. C. Seymour, un predicador negro de la Misión Apostólica en la Calle Azusa en la ciudad de Azusa, California. Una pareja por nombre Abunio López y su esposa Rosa fueron los primeros conocidos hispanos convertidos en este nuevo movimiento y avivamiento de Seymour hacia 1906. Después vino un hombre llamado Frank Bartleman en 1909 quien bautizó a Luis López, quien a la vez bautizó a Juan Avarro y Francisco Llorente. Hacia 1906-1912 el Señor inspiró al hermano Llorente dándole muchos de los himnos de hoy para la iglesia hispana en Los Angeles. El hermano Llorente fue usado por el Señor para alcanzar a otro joven por nombre de Antonio Castaneda Nava quien llegó a ser el primer presidente de la nueva organización, la Asamblea Apostólica de la Fe en Cristo Jesús. Muchos otros brazos de iglesias hispanas provienen de las Asambleas Apostólicas del Mundo, Inc., que es un movimiento de santidad del Nombre de Jesús de negros de habla inglesa.

Muchos de estos movimientos hispanos tomaron su metodología de buscar al perdido de sus complementos de habla Inglesa o la madre iglesia de cual provienen. Aun su forma de vestir y adorar fueron prestados, por no saber mas. Por ejemplo, el grupo auxiliar de mujeres de la Asamblea Apostólica de la Fe en Cristo Jesús, Inc., conocido hoy como la "Sociedad Femenil Dorcas," vistieron sombreros en sus años tempranos. Hoy usan velos para cubrir la cabeza, según 1 Corintios 11. La cabeza cubierta para la mujer era entendido a causa de las Escrituras, pero el tipo de cobertura se prestó de mujeres negras de las Asambleas Apostólicas del Mundo, Inc. Después, la Asamblea Apostólica decidió revertir al velo en lugar del sombrerero para la mujer por apegarse más ala cultura del Antiguo Testamento.

Parecía haber gran necesidad para algunas de estas asambleas hispanas de desarrollar su propia forma de estructura y leyes gobernativas antes de que desarrollaran sus métodos religiosos y evangelísticos. La razón era que los métodos religiosos y evangelísticos prestados de sus semejantes de habla ingles daban buen resultado entonces. También, en una forma institucional, vieron que las iglesias locales tenían la responsabilidad de establecer lo que diera mejor resultados en cada caso. El rápido establecimiento de forma y estructura de las asambleas con tiempo sobrepujaron las decisiones y responsabilidades de la iglesia local en cuanto su trabajo fuera del área local de ministrar.

Al hacerse mas concentrado el gobierno de una asamblea en los rangos de arriba, su necesidad de sobrevivir empieza a demandar de las iglesias locales estricta adherencia a sus leyes. Esto, a la vez, causa un vacío en las iglesias locales en áreas de recursos, personal, finanzas, y tiempo. La superestructura de una asamblea de iglesias entonces funciona de arriba hacia abajo en vez de abajo hacia arriba. Es decir, la superestructura causa programas y actividades para su propia sobrevivencia, en vez de suplir las necesidades de la iglesia local para alcanzar al perdido. Eso es similar a lo que pasó con Cristo y Sus discípulos cuando trabajaban el sábado para comer. Cuando a Cristo se le preguntó que porque sus discípulos trabajaban en un sábado, Cristo les respondió que *"el sábado fue hecho para el hombre, no el hombre para el sábado."*[1] La ley del sábado fue hecha para ayudar al hombre, no esclavizarlo.

Este tipo de superestructura se forma solo con organizaciones religiosas que son organizadas en corporaciones o similares sistemas de gobierno. Asambleas que son asociadas por otros medios con sus iglesias locales y son independientes no necesariamente sufren esos tipos de problemas. La razón principal para esto se debe al hecho de que iglesias locales independientes retienen su autonomía de gobierno. Por otro lado, cuando las iglesias maduran y pierden vista de sus mandatos bíblicos, empiezan a deslizarse en un legalismo y lo que Richard Gazowsky menciona en su libro **Just add Water**. El dice:

> *"La mayoría de organizaciones son inherentemente tribal en su estructura. La mayoría de costumbres compartidas entre la gente en esa organización es llamada "cultura.' Cultura en realidad es una herramienta para sentirse bien, o un par de anteojeras de conducta. Hace que una compañía o iglesia se sienta cómoda en sus*

---

[1] Mateo 12:1-8 *Los discípulos de Jesús trabajaron el sábado por comida.*

*hábitos. En el caso de una iglesia, si su dogma esta en lugar por un largo tiempo, se vuelven un "sistema de creencia" por más tiempo, y luego maduran en doctrinas con tema de "cielo o infierno." Si una cultura iglesia-tribal no cambia, principiará a rechazar a nuevos miembros que no comprenden su significado."*2

La razón para esta información es de ayudar al lector a comprender por qué algunas iglesias tienen éxito en el área de evangelismo mientras otras no. 1 Mateo 12:1-8, Los discípulos de Jesús trabajaron el sábado por comida. Hay muchas razones por las cuales iglesias no crecen, pero la razón mayor parece ser a causa de los miembros que dejan de traer o invitar visitantes a la iglesia. Una forma significante de incapacitar una iglesia del crecimiento es de dejar de invitar 0 traer visitantes. Nada incapacita a una iglesia más rápido que el verla domingo tras domingo sin nuevas almas escuchando el Evangelio.

El mandato de Mateo 28: 19, 20 es de ir a todas las naciones y predicar el Evangelio, enseñar, y hacer discípulos. No está en la formación de superestructuras el énfasis del mandato, sino en enviar hombres y mujeres a hacer discípulos de las naciones.

---

2 Richard Gazowsky, Just add Water, (San Francisco, CA.: Voice of Pentecost, 1992), 178, 179.

El Estado Actual de la Iglesia Hispana

¿Cómo pueden iglesias hispanas pequeñas atraer y retener visitantes? En los 1950's iglesias Pentecostés hispanas estaban en crecimiento numérico. Eran iglesias con paso aligerado con música dinámica y popular, con estilos de adoración orientados hacia la gente. Las iglesias eran evangelísticamente agresivas. Sin embargo, en las últimas décadas, las iglesias Pentecostés han pasado por lo que se llama "El Siclo Sociológico," y sin duda pasarán por todos los otros niveles por los cuales otras denominaciones han pasado. [3] Towns describe el Ciclo Sociológico el cual consiste de cuatro etapas que denominaciones pasan en tiempo.

Fig. 3. El diagrama en sigida fue tomado Del libro de Towns, <u>América's Fastest Growing Churches.</u>

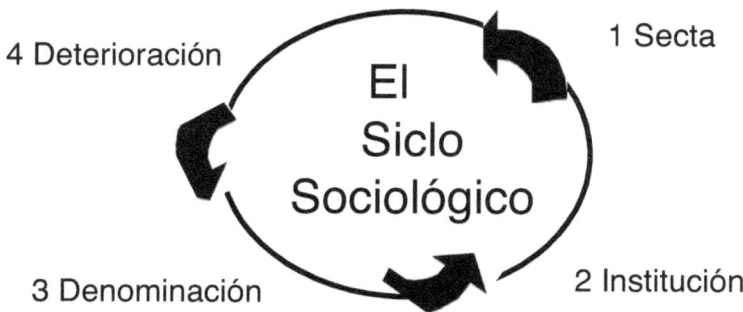

---

[3] Elmer L. Towns, *America's Fastes Growing Churches*, (Nashville, TN: Impact Books, 1972), 156.

El primer ciclo es conocido como una secta: un cuerpo eclesiástico, organizado por grupo; forma de vivir, clase de personas un cuerpo religioso que disiente o se separa; una denominación religiosa. Una vez iniciada, camina rápidamente al segundo ciclo, al fase de institución u organización. El tercer ciclo es la denominación, y el cuarto ciclo es deterioro.

Originalmente, el movimiento Pentecostés fue visto como una secta, pero recientemente ha caminado hacia la tercer etapa o ciclo, denominación. El movimiento Pentecostés en los Estados unidos, junto con otros movimientos Pentecostés tal como las asambleas Apostólicas, Apostólica Unida o denominaciones Pentecostales, cuales son estrictamente movimientos del Nombre de Jesús, hoy experimentan la segunda, y en algunos casos, la tercer etapa del Ciclo Sociológico. No son las únicas que han tenido el problema de progresar por estas etapas. La mayoría de movimientos Trinitarias que se han organizado en algún tipo de estructura de asamblea o denominación han experimentado similares problemas. Algunos de estos movimientos se han aferrado en el segundo nivel o etapa institucional, mientras otros han pasado por el entero Ciclo Sociológico.

Tarde en los 1920 un filósofo-sociólogo alemán por nombre Ernst Troeltsch originalmente escribió acerca las iglesias que crecen de nivel de secta a ecclesial-asamblea, o lo que hoy se llamaría la etapa denominacional. El modelo de Troeltsch principia como secta luego progresa a ser una institución. Luego progresa a la etapa de una ecclesial/asamblea completamente organizada, y finalmente terminara en la etapa de deterioración.

El modelo de Troeltsch y su ciclo de crecimiento también es conocido por otros nombres. Por ejemplo, la primer etapa de secta ha sido llamada la etapa fundamentalista. La segunda etapa de este ciclo ha sido catalogada institución. La tercer etapa es conocida como denominación y el ciclo final como liberalismo teológico. Algunos aun combinan denominación y liberalismo teológico juntos en la misma etapa.

Un ejemplo parcial de la etapa de organización se encuentra en el libro de los Hechos. Capitulo 11, versos 19-26 ayudan en comprender el desarrollo de las primeras etapas del modelo de Troeltsch.

> *"Ahora bien, los que habían sido esparcidos a causa de la persecución que hubo con motivo de Esteban, pasaron hasta Fenicia, Chipre y Antioquía, no hablando a nadie la palabra, Sino sólo a los judíos. Pero había entre ellos unos varones de Chipre y de Cyrene, los cuales, cuando entraron en Antioquía, hablaron también a los*

> *griegos, anunciando el evangelio del Señor Jesús. Y la mana del Señor estaba con ellos, y gran numero creyó y se convirtió al Señor. Llegó la noticia de estas cosas a oídos de la iglesia que estaba en Jerusalén; y enviaron a Bernabé que fuese hasta Antioquía. Este, cuando llegó, y vio la gracia de Dios, se regocijó, y exhortó a todos a que con propósito de corazón permaneciesen fieles al Señor .... Después fue Bernabé a Tarso para buscar a Saulo; y hallándole, le trajo a Antioquía."*[4]

Este incidente en el libro de los Hechos demuestra cómo la iglesia nació en la ciudad de Antioquía. La persecución y muerte de Esteban causó que muchos huyeran de Jerusalén a otras partes del entonces mundo conocido. Cuando estos hombres huyeron, se llevaron consigo el Evangelio del Señor Jesucristo. La ciudad de Antioquía es un ejemplo. Hombres de Chipre y Cirene vinieron a la ciudad de Antioquía y allí predicaron el Evangelio de Cristo a sus habitantes. Al predicar, *"la mano del Señor estaba con ellos, y gran número creyó y se convirtió al Señor."* [5]

Cuando las noticias regresaron a Jerusalén, los apóstoles decidieron enviar a Barnabás para investigar y auxiliar el trabajo en la ciudad de Antioquía. Cuando Barnabás llegó en Antioquía, "y vio la gracia de Dios, y exhortó a todos a qué con propósito de corazón permaneciesen fiel

---

[4] *Hechos 11:19-26, Barnabas es enviado a Antioquía para organizar la iglesia.*
[5] *Hechos 11:21, La mana del Señor está con los hombres de Chipre y Cirene.*

les al Señor."⁶

Vista Parcial del Ciclo Sociológico de la Iglesia en Antioquía

Fig. 4. El diagrama de abajo es extendido de previos modelos para mantener la continuidad de pensamie to y es ilustrado por el autor.

4 Deterioración ?

1 Secta Hombres de Ciro y Sirene Traen el Evangelio

3 Denominación ?

2 Institución- Barnabé es enviado a Antioquía

Barnabas supo que el trabajo que se necesitaba hacer en Antioquía era más que lo que él podía hacer solo. Decidió ir a Tarso para encontrar a Saulo para traerlo para ayudar en la organización de la iglesia en Antioquía.

---

6 *Hechos 11:21, 23, Barnabás ve la gracia de Dios y los exhorta.*

Este pasaje mencionado en los Hechos es un ejemplo de la existencia del modelo de Troeltsch en el principio de la iglesia. La necesidad de progresar por el ciclo de punto a punto se encuentra a todos niveles de la iglesia: en la iglesia local, de una organización a independencia; a departamento en la iglesia, así como en una asamblea de iglesias.

Hoy la etapa institucional es llamada por muchos la etapa organicional. La necesidad de una etapa organizacional es lo que construye la infraestructura de la iglesia, organización, o denominación y permite la infraestructura establecer gobierno, reglas, guías, constitución, y oficiales. Esto a la vez impulsa la etapa denominacional a que principie a procesarse a sí misma.

En la etapa organizacional, la infraestructura permite a pastores de la iglesia local de la organización de compartir la autoridad con los líderes organizacionales de lograr el trabajo y ministerio en mayor escala que a la local solamente. La autoridad y poder es en parte compartido, y un balance es logrado porque a esta etapa de la organización, sus líderes también son pastores de iglesias locales dentro de la organización. Los deberes y trabajo de la organización no son lo suficiente para justificarles ser a tiempo completo; insuficientes ingresos también estorban estar a tiempo completo. Es a este punto que la necesidad de más y mejores guías es requerido para desarrollar lenguaje más fuerte y más estricta adherencia a las guías de escrituras 0 constitución de tiempos tempranos. Sucesivas olas de enmiendas seguirán hasta que la necesidad para autoridad y poder total sobre las iglesias locales causen un cambio radical a este tipo de gobierno.

La tensión dinámica entre la organización y etapas denominacionales causa la inversión de poder, libertad, fuerza, y recursos de iglesias locales a la infraestructura de la organización.

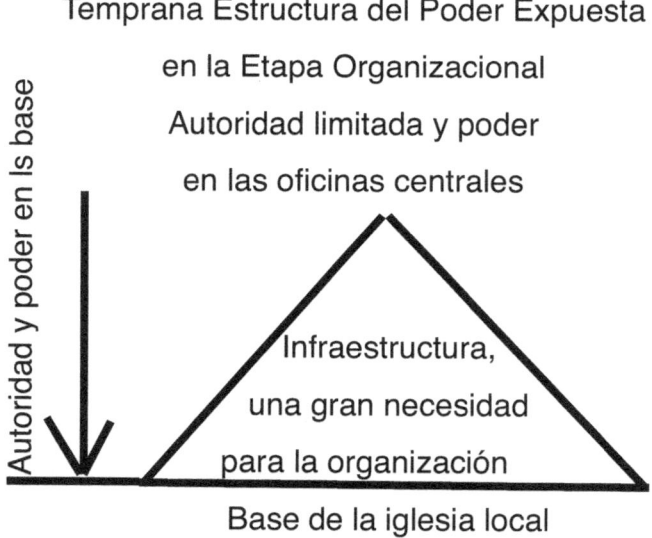

Fig. 5. El diagrama de arriba es extendido para mantener la continuidad de pensamiento y es ilustrado por e autor.

El triángulo boca abajo en la próxima página muestra como el poder y autoridad es invertido por los líderes de la organización. El poder y autoridad es radicalmente cambiado del nivel de la iglesia local hacia la cima de la organización permanentemente y exclusivamente. Los líderes, en su mayoría, no tienen ambos un pastorado y una posición de liderazgo organizacional. Generalmente es muy difícil hacer las dos cosas. Cuando el liderazgo en la cumbre del triángulo organizacional deja de tener sus dedos al pulso de las necesidades de las iglesias locales, es cuando la organización principia a tener tensión y estrés con las iglesias locales.

Líderes a este nivel han descubierto que para poder manejar la escena institucional efectivamente, todo poder tiene que estar en el timón. Un total y completo cambio de poder de las iglesias locales a las centrales quiere decir que las locales van a recibir órdenes de lo que puedan hacer y cuanto pueden hacer al nivel local de la iglesia. El cambio radical del poder con la inversión de autoridad causa que la iglesia local re evalúe sus prioridades, debido a su constante agotamiento de recursos. La iglesia local necesita comprender estos dos puntos de la importancia en el desarrollo del Modelo de Ciclo Sociológico de Troeltsch. Estos dos puntos son, por supuesto, entre los ciclos de secta e institución y denominación. Para mejor explicar los problemas que surgen entre estos puntos críticos en las iglesias hispanas, el modelo de David O. Moberg acerca las diferencias entre la iglesia y la institución social debe ser investigado.

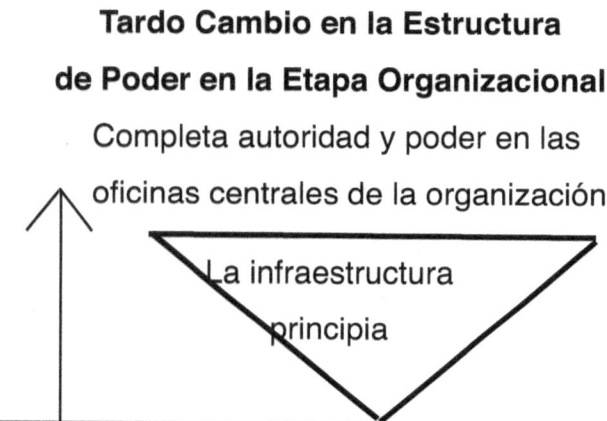

Fig. 6. El diagrama de arriba es extendido de previos modelos para mantener la continuidad de pensamiento y es lustrada por el autor.

David Moberg, un sociólogo de iglesia de la Universidad de Marquette, ha producido su propio ciclo. El ve un "proceso bajo cual cultos se originan, se vuelven cultos, y luego cambian en denominaciones, para quizás emerger por fin del proceso como iglesias."

---

7 *David O. Moberg, The Church or a social Institution, (Englewood Cliffs, NJ: Prentice-Hall, Inc., 1962), 100.*

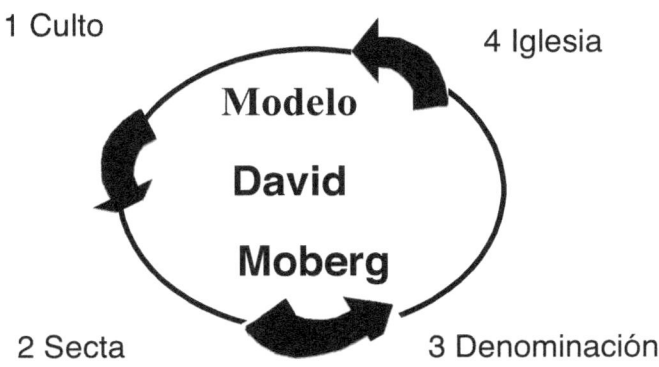

Fig. 4. El diagrama de arriba es extendido de previos modelos para mantener 1a continuidad de pensamieto y es ilustrado por el autor.

El modelo de David Moberg puede ayudar a explicar los dos puntos de importancia crítica en el ciclo de desarrollo. La mayoría de iglesias que semejan un culto que han pasado por el ciclo Moberg pueden confirmar la primer etapa de culto a secta.

Dependiendo de la posición y filosofía psicológica y teológica del ministerio de líderes iniciales de culto, la tensión de crecimiento de culto a secta puede ser crítico. Por toda la historia de la iglesia, habido líderes de culto con posición psicológica y teológica más filosofía de ministerio que no les permitió crecer a ser secta. La tensión de crecimiento de culto a secta puede ser crítico porque el líder de culto ve el crecimiento como un peligro actual a sí mismo y a los miembros del culto. Su creencia en si mismo y su misión estorba el proceso. Algunos cultos, donde el liderazgo proviene de un hombre, puede tener razones egoístas por cuales el líder del culto no desea que el culto continúe su desarrollo y guiara el culto lejos del proceso del ciclo.

El segundo punto de importancia crítica en el desarrollo del ciclo Moberg está entre secta y denominación. El punto crítico resulta cuando la infraestructura necesaria principia a formarse en la fase organizacional. En la fase o ciclo organizacional, las guías, reglas, y oficiales son establecidas y escritas en algún tipo de constitución. Esta constitución luego constriñe al grado de, en algunos casos, tener más poder que la Palabra de Dios. Dependiendo de los hombres que forman esa constitución y su, habilidad de anticipar las necesidades de futuras generaciones, la constitución puede llegar a ser el peor futuro enemigo de la organización. Este punto crítico no parece al principio ser importante, pero ya que han funcionado tres o más generaciones bajo su tutelaje, más todas las enmiendas añadidas por otras, es cuando se vuelve en el nudo que se aprieta ahorcando a la iglesia a pausa. Cuando el líder del culto no permite que su culto progrese a ser iglesia, generalmente terminan en una situación similar al Davidian Branch en Waco, Texas, o como Jim Jones.

Según Elmer Towns, es la etapa de denominación la que reduce o aumenta el crecimiento de la iglesia local. Dependiendo del contenido de la constitución, o sirve a la iglesia local o sirve a la infraestructura organizacional. Towns le da esta perspectiva: *"Liberalismo o denominacionalismo de primera no contiene el dinamismo religioso para atraer individuos con naturaleza. Cuando a asistencia en iglesias de tipo denominacional aumenta, ocurre por razones ajenas a una presión externa para crecimiento o su vida espiritual es vacía, por lo tanto no hay la dinámica interior para crecimiento."* [8]

Elmer Towns está diciendo en la cita de arriba que la denominación va esperar que la iglesia local crezca naturalmente, pero probablemente no le ayudará a crecer. Iglesias en una denominación crecerán en asistencia solo si no juegan bajo las reglas establecidas por esa denominación. La razón es que la denominación generalmente desarrolla su estilo de organización, ea de las normas de denominación o de la constitución, más no de la experiencia del pastor y líderes quienes comprenden las necesidades de su congregación o comunidad de almas perdidas.

---

[8] Towns. 157.

Dos ejemplos de la teoría de Elmer Towns son lo siguiente. El primer ejemplo toma lugar en la ciudad de Whittier, California n el Family Life Center Apostolic Church, cuyo pastor es David Hernández. Pastor Hernández fundó esa iglesia hace unos veinticinco años, y decidió partir con el idioma tradicional de español con cual él había sido criado. Principió una iglesia de habla ingles para suplir las necesidades de personas que él sintió necesitaban ser ministrados en un idioma además del español. Life Line fue creado para suplir esas necesidades. Nadie en esa área habla calado algo tan atrevido como esto. Estos dos elementos resultaron en que ni el ni su iglesia fueron vistos exactamente como parte de la denominación.

Otro pastor que también creció en el ministerio aproximadamente durante el mismo tiempo que Pastor Hernandez fue Pastor Adán López de la iglesia en Union City. Pastor López es muy único en que el también, creció en una iglesia hispana donde su padre fue el pastor. Pastor López también se apartó de los tradicionales métodos de conducir la iglesia bajo el cual el mismo había sido criado y principió a ministrar en un ambiente totalmente en ingles. Ambos pastores han sido bendecidos de parte de Dios y sus iglesias han sido saludables y vibrantes. Su crecimiento fue sin precedente, pero sus iglesias funciona ban. Se parecían poco a sus pastores colegas de su organización. No es decir que el hacerlo todo en ingles ha causado todo su éxito en el Señor, pero a la vez algo del lenguaje les dio éxito en la atracción y retención de visitantes. Las iglesias en español, par otro lado, han tenido poco éxito en la atracción y retención y crecimiento de la iglesia. Hoy, las iglesias necesitan repensar su filosofía de ministrar para ver si conduce a la iglesia hacia crecimiento saludable. Tiene que, a base de la necesidad de evangelizar al perdido, construir programas y actividades populares para traer la salvación a aquel que el Espíritu Santo desea salvar.

Es la iglesia local, con sus limitados recursos, que nutre la infraestructura de la denominación con líderes, dinero, y programas muy necesitados. Al usar sus recursos limitados y mano de obra para necesidades denominacionales, la iglesia local restringe y debilita su propio trabajo evangelístico.

Cuando la iglesia local usa la mayoría de sus recursos en esta capacidad, deja de trabajar a su máximo potencial en alcanzar al perdido. La asistencia de visitantes baja drásticamente, así como el crecimiento de la iglesia local. Añada al peso de tener recursos y mano de obra limitada a la demanda de la denominación para pastores e iglesias de apoyar programas, servicios, y otros tipos de actividades fuera de la iglesia local, cual mal usa el limitado tiempo que las iglesias tienen para avivamientos y aumento de atracción y retención de visitantes, y el resultado es un efecto debilitante que la denominación causa a la iglesia local. Lo que en un tiempo principió como muy necesitados programas, servicios, y actividades después llegaron a ser barreras al crecimiento de la iglesia.

Es un hecho bien conocido que las más grandes denominaciones no ponen énfasis total en alcanzar al perdido porque sienten que esto es la responsabilidad de la iglesia local. Su responsabilidad es de crear la infraestructura que permita comunicación y dirección entre iglesias locales y las oficinas generales. Porque las denominaciones se consideran ser la cabeza de la organización, pueden perder la perspectiva y consumir los limitados recursos del cuerpo para sus propios propósitos. Cuando esto ocurre, la iglesia local se drena la mayor parte de sus recursos. Este es el peligro de que muchos conjuntos de la iglesia organizada se enfrentan actualmente. Hay muchos ejemplos bíblicos para ayudar en la comprensión de la devastación que tanto Troeltsch y los modelos de Moberg se puede alcanzar si no se hace algo. Dos ejemplos se presentarán.

El primero se encuentra en Jueces 2:7-10:

"Y el pueblo sirvió al Señor todos los días de Josué, y todos los días de los ancianos que sobrevivieron a Josué. Que había visto todas las grandes obras del Señor, que hizo a Israel. Y Josué hijo de Nun, siervo de Señor, murió, siendo de ciento diez años ... Y también a todos antes que la generación de theta reunida a sus padres: y de allí surgió la generación de anotare después de ellos, que no conocía al Señor, aún no las obras que él había hecho por Israel." [9]

Figura 8. Jueces 2:7-10, el modelo de Josué de cuatro generaciones.

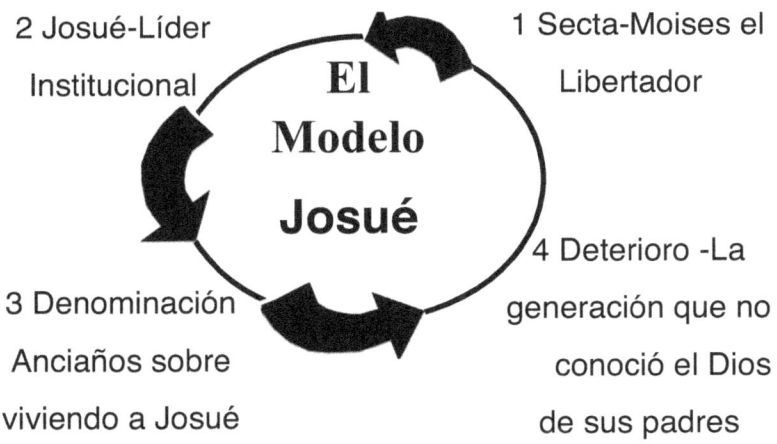

Otro ejemplo bíblico se encuentra en 1 Reyes 12: 1-19. Este ejemplo enseña a los líderes buscar sabiduría de Dios y no de sí sismos por avaricia.

---

[9] *Jueces 2:7-10, teniendo en cuenta los jueces de cuatro generaciones.*

"Roboam fue a Siquem, porque todo Israel había venido a Siquem para hacerle rey. Y aconteció que cuando lo oyó Jeroboam hijo de Nabat, que aún estaba en Egipto, adonde había huido de delante del rey Salomón, y habitaba en Egipto, enviaron a llamarle. Vino, pues, Jeroboam, y toda la congregación de Israel, y hablaron a Roboam, diciendo: Tu padre agravó nuestro yugo, más ahora disminuye tú algo de la dura servidumbre de tu padre, y del yugo pesado que puso sobre nosotros, y te serviremos. Entonces el rey Roboam pidió consejo de los ancianos que habían estado delante de Salomón su padre cuando vivía ... Pero Él dejó el consejo que los ancianos le habían dado, y pidió consejo de los jóvenes que se habían criado con el, y estaban delante de él. Al tercer día vino Jeroboam con todo el pueblo a Roboam, según el rey lo había mandado ... Y el rey respondió al pueblo duramente, dejando el consejo que los ancianos le habían dado; y les había conforme al consejo de los jóvenes, diciendo: Mi Padre agravó vuestro yugo, pero yo añadiré a vuestro yugo; mi padre os castigó con azores, más yo os castigare con escorpiones .... Así se apartó Israel de la casa de David hasta hoy." [10]

Un balance tiene que ser logrado por las iglesias locales y la denominación. Este balance tiene que favorecer a la iglesia local y no ala denominación. La denominación debe siempre recordar que su meta es global, mientras la iglesia local esta allí para la comunidad local. La denominación tiene que modernizarse a todo tiempo y mantener su enfoque sobre el trabajo que ha sido llamada a hacer

---

[10] *1 Reyes 12: 1-19, El decreto de Roboam de un yugo más pesado sobre Israel.*

tal como su trabajo misionero global y la planificación de iglesias locales en áreas donde todavía no se establecen. El balance entre las necesidades de la denominación y la iglesia local siempre tienen que ser evaluadas.

Fig. 9. El diagrama a de abajo es una extensión de previos modelos e incorpora I Reyes 12:10-19, el decreto de Roboam resultando en la división de la nación. ilustrado por el autor.

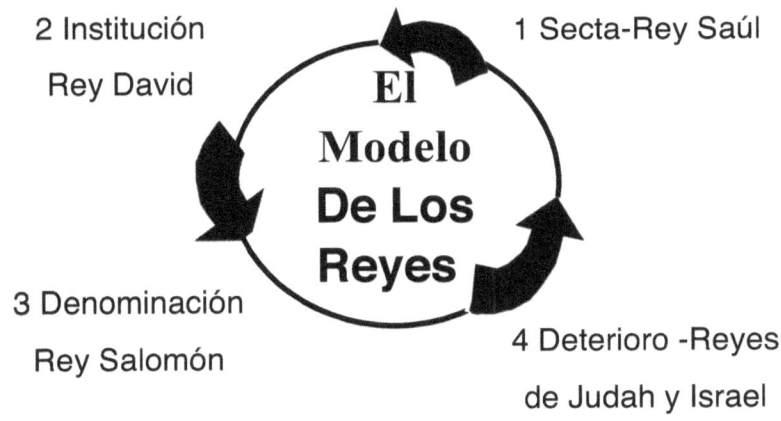

Si no se llega a un balance, entonces la falta de harmonía entre las iglesias locales y la denominación puede causar facciones, divisiones, y aun causar que iglesias salgan a hacerse independientes. Los ciclos que ambos Troeltsch y Moberg dan acerca del crecimiento institucional pueden ser usados como ayuda en entender que se requerirá para corregir muchos problemas que existen hoy.

en entender que se requerirá para corregir muchos problemas que existen hoy. Organizaciones estructuradas desarrollarán planes para Ayudar áreas sin iglesia que necesiten misiones y evangelistas y usarán fondos y recursos allí. Sin embargo, iglesias chicas tienden ver solo las necesidades que ellas tengan tocante liderazgo cualitativo, dirección y visión. Las necesidades de áreas sin iglesia demandarán que el poder de tomar decisiones sea transferidor a las oficinas centrales. Según se intensifiquen las necesidades, la organización tendrá que resolver algún tipo de intercambio con las iglesias pequeñas para ayudar la organización cumplir con su trabajo.

Con tiempo la organización tendrá que elaborar una declaración de visión y metas para todas las iglesias locales del cuerpo. Esto resultará en las iglesias locales combinando todos sus recursos (tiempo, personal, finanzas) para el bien de toda la organización y no solo de las iglesias locales.

Si el gobierno institucional persiste en su plan sin fijarse en las necesidades de la iglesia local, dañará la habilidad de la iglesia local de ser agente efectivo en ese local. Al luchar la iglesia local o cumplir con los retos del gobierno institucional, el trabajo de alcanzar al perdido será severamente debilitado. Al perder la iglesia local su batalla de alcanzar al perdido, su asistencia mengua. Con tiempo la iglesia local llegará a una mentalidad de mantenimiento, donde paga sus deudas a la superestructura y cuida de los pocos miembros que tenga. Este estancamiento obligara una condición penosa en la congregación y causara severos cambios en el pastorado. Esto, a la vez, causara que miembros de iglesias chicas se vayan en busca de iglesias más grandes que suplan sus necesidades y de sus niños. Este proceso negativo causa las circunstancias que por fin trae muerte ala iglesia.

Perfil del Pueblo Hispano

Para comprender la historia del pueblo hispano, se tiene que tomar en cuenta la diversidad de su etnicidad. Por ejemplo, cuando la publicidad se refiere a la nacionalidad del Mexicano, usan la palabra hispano, porque es buen vocablo que incluye toda sangre española.

Cuando los diferentes programas de televisión quieren dirigirse a habitantes hispanos, se refieren a ellas como latinos para incluir toda gente de hispano América. Programas con base latina, tal como shows de platicas y novelas, son principalmente de latino-americanos de lugares como Puerto Rico, Cuba, Haití, Centro y Sur América. Estos países son referidos como países Latino-americanos. Ellos dependen mucho de programas, shows de platicas, y novelas creadas en los EE. UU.

Al referirse a gente de México, la palabra para describirlos es mexicanos. Se cree que la cantidad de tres mexicanos a un latino entran a los EE. UU. anualmente. Como se puede ver, el saber las varias terminologías tiene mucho que ver con entender cada grupo que se discute. Entonces, la terminología es de mucha importancia en la comprensión del perfil de razas hispanas.

Otro muy importante factor en la comprensión de la terminología que usar en cuanto a razas hispanas es en la cantidad de tiempo que cada generación gasta en asimilarse con las Sub-cultura del Norte Americanas. El intentar de atraer y retener alguien de estos grupos requiere conocimientos de las diferencias entre generaciones que produce el tiempo y cultura.

Cada persona que sale de su cultura y entra otra cultura sin duda será obligado a sufrir cambios. Estos cambios traen nuevas aventuras y también estorbos. Cualquiera que deja su vieja cultura o país para venir a los EE. UU. llega con su propio paradigma de cómo vivir. Todo desde las comidas que come a la forma que viste, la forma que toma decisiones basta el aprender nuevos modos y olvidar los modos viejos, le ayuda de una manera u otra asimilarse su nuevo país. La persona que rehusa adaptarse a la cultura de nuevo país alije no adaptarse porque desea regresarse tarde o temprano, corre el riesgo de rechazarla. Cuando la nueva cultura rechazada, tendrá que encontrar una comunidad donde sus viejos valores todavía se observan. Si no puede hallar tal lugar, sin duda regresará a su madre patria.

Mary Ballesteros-Coronel, reportera del periódico La Opinión escribió un articulo de un reporte tornado por el Instituto de Asuntos Públicos de California (PPIC). Este estudio comprobó que una mayor parte de inmigrantes mexicanos que vienen a los EE.UU. regresan a su país natal después de solo dos años de vivir aquí, el 67% regresan en cinco años o menos. Belinda Reyes, autor del estudio PPIC, dice que el 70% de todos mexicanos se regresan a México permanentemente después de 10 años de vivir y trabajar en los Estados Unidos. Los mexicanos que regresan a su país natal en menos de dos años nunca realmente intentaron permanecer; solo vinieron para trabajar. La mayoría de esa gente tiene poca o nada de educación; por lo tanto, solo pueden colocarse en trabajo de agricultura y a nivel económico temporal. Mexicanos con más alto nivel de educación, posiblemente el equivalente de preparatoria, pueden encontrar poco mejores empleos en fabricas o construcción, y resultan quedándose aquí poco más tiempo. Estos serán los 67% que se regresaran en menos de 10 años. Estos dos grupos generalmente han entrado a este país ilegalmente. La gráfica (ver gráfica Apéndice 1, "Regresando a México') fue tomada del Instituto de Asuntos Públicos de California. La Opinión, un periódico mexicano o en español de Los Angeles, lo utilizó como articulo de primera plana.[11]

¿Qué importancia tiene la cultura para personas de otros países? ¿Cómo ayuda o estorba la cultura de los EE. UU. a personas de otras culturas? ¿Cómo se asimilan personas de culturas hispanas en los EE. UU. para hacerse norteamericanos? Estas y otras preguntas serán discutidas en capítulo tres.

Pasos de Acción

Primero y principal, el pastor hispano que desea que su iglesia crezca es responsable de la re-evaluación del tipo de persona que han sido atraídos y convertidos a la membresía. Esto identifica el tipo de comunidad que la iglesia ha tenido éxito en alcanzar.

---

[11] *La Opinión, un reporte de porcentajes por años de mexicanos que regresan a su tierra natal después de vivir en los EE. UU., 1996, 4.*

iglesia crezca es responsable de la re-evaluación del tipo de persona que han sido atraídos y convertidos a la membresía. Esto identifica el tipo de comunidad que la iglesia ha tenido éxito en alcanzar.

El segundo paso que el pastor hispano tiene que estudiar es , la comunidad que en el pasado se ha investigado. ¿Todavía ofrece grandes números de posibles candidatos para merecer continuada inversión de recursos por la iglesia, es decir, literatura, personal, tiempo, etc?

La tercer área que se necesita considerar es los recursos de la iglesia disponibles para lograr el trabajo. La mayoría de los miembros de la iglesia no saben como testificar, mucho menos evangelizar. El pastor necesita tomar inventario de quien puede hacer qué, y cuanto. Medidas necesitan ser tomadas de tener cuidado de que los que salgan a evangelizar estén propiamente preparados para lo que pudieran encontrar.

Resumen

El poseer conocimientos básicos de la gente sin iglesia en el área de la iglesia local será mucha ayuda en la atracción y retención de futuros miembros. La comprensión de raíces hispanas asistirá en comprender cómo ministrar a ellos. Es por esto que cualquier iglesia local que hoy desea ministrar a razas que tienen una multiplicidad de sub-culturas tiene que someterse a la educación radical de los valores y necesidades de la madre cultura y sus sub-culturas. Es un gran reto para la iglesia de alcanzar almas de multi-cultras sin primero comprender este concepto.

Es por esto que la iglesia local tiene que pasar por una auto-evaluación de su área ministerial y sus recursos. La iglesia que desea extenderse no solo a hispanos, sino a blancos, asiáticos, y negros a la vez, probablemente se sentirá anonadada con las necesidades de todos estos grupos. Sin embargo muchas comunidades lloran por asistencia para suplir las necesidades de todos estos grupos. Una evaluación de la iglesia asistirá en comprender donde puede ser más efectiva y sensitiva en áreas de estilo de adoración, lenguaje, y nutrición espiritual para poder atraer y retener cualquier visitante de la comunidad.

El siguiente capitulo ayudara a cualquier pastor en evaluar las fuerzas y debilidades de la iglesia. Una evaluación de las fuerzas y debilidades de la congregación le da a la iglesia a entender lo que tiene y lo que necesita para estar al tanto. Permite al pastor el sobre-llevar la estrategia de implementación de programa as que educarán a los miembros de la iglesia en las áreas que estén crecientes.

HERENCIA 87

Notas Del Capitúlo

CAPÍTULO CUATRO
FUERZAS Y DEBILIDADES
Evaluación de la Iglesia Local y Sus Líderes

Si los lectores de este libro se encuentran en el lío explicado en el segundo capítulo, entonces una solución para considerar son capítulos tres y cuatro. Estos dos capítulos ayudaran a los líderes locales evaluar sus fuerzas y debilidades. Esto, a la vez, les ayudará a asesorar lo que tienen disponible para alcanzar al perdido.

Este capítulo se concentrará en posibles áreas de fuerzas y debilidades de la iglesia local. En evaluar las fuerzas y debilidades de la iglesia, la principal preocupación en la evaluación debe ser la membresía de la iglesia. Se deben de tomar en cuenta los recursos de la gente, el tiempo que puedan donar, su competencia, así como su entrenamiento formal e informal. Entre más sepan y entiendan los líderes acerca de los recursos de su gente, más fácil es asignar trabajos a los miembros.

En los pasados cinco años de asesorar crecimiento de iglesias y evaluaciones de miembros, he revelado a muchos líderes hispanos de iglesias las razones por su inefectividad en atraer y retener visitantes. La falta de comprensión acerca la importancia en evaluación de recursos de la gente ha conducido a un mal uso, y aveces, abuso por los líderes de los voluntarios, sin mencionar el dolor y angustia causada a sus familias.

Otra área que poco es reconocida en la evaluación de personal es las debilidades, temores, y aun problemas personales que pueda tener la gente. Esto es muy importante porque generalmente líderes de iglesia dan trabajos a personas que saben muy poco de ello. En el tiempo que he pasado evaluando iglesias y su personal, generalmente he encontrado que el liderazgo de la iglesia comete el error de poner personas en trabajos sin fijarse en sus habilidades, talentos y dones. Al encontrar que este problema era tan prevaleciente, decidí crear un seminario de liderazgo que ayudaría a pastores en general a resolverlo. Para mi sorpresa muy pocas iglesias se aprovecharon de ello totalmente. Muchos pastores preguntan porqué líderes colocados en ciertos trabajos no hacen bien yen algunos casos hacen muy poco en todo el año. La respuesta es obvia: el líder fue puesto en un trabajo en cual tenía poco o nada de interés o tenía poco entendimiento de lo que se le esperaba hacer.

Temores, problemas personales, y conocimientos tienen mucho que ver en que los líderes tomen la iniciativa. Temores tienen la tendencia de causar que el trabajador lo piense bien al tomar riesgos. Nada es causa de más daño que el miedo de fracasar y ser reprimido. Cuando el líder empieza a dudar de sí mismo pierde la habilidad de tomar decisiones rápidas.

Problemas personales, por otro lado, roban tiempo, energía, y credibilidad del líder o trabajador. Roban tiempo en el sentido de que si su problema personal es algo serio, pensará más en ello que en el trabajo. El problema roba energía por ocupar las emociones con preocupaciones, de tal manera debilitando el proceso creativo. Por último, cuando el tiempo, energía, y habilidad creativa son inhibidas o comprometidas, su credibilidad es comprometida ante sus seguidores o superiores.

Iglesias que han tenido excelente éxito en utilizar su gente han descubierto que al colocar a la gente a trabajar en áreas en las cuales se sienten competentes, sienten mucha satisfacción merecida por su labor debido al hecho que el trabajador ahora obra a base de sus fuerzas, no sus debilidades. Al contrario, personas colocadas en un ambiente donde continuamente tienen que trabajar dentro del área de sus debilidades, van a sentir tremenda desilusión, falta de ánimo, falta de satisfacción, y en ocasiones enojo, rabia, y por último fracaso. El éxito en cualquier ministerio realza, excita, empodera, y revitaliza el ministerio. Iglesias hispanas en particular necesitan pasar tiempo y recursos para ayudar a trabajadores y líderes a recibir muy necesitado entrenamiento y capacitación. Hay muchos cursos en Español hoy en muchas áreas que los pastores hispanos pueden utilizar en sus iglesias.

Recursos Evaluativos

Pastores y líderes a cargo de programas de entrenamiento deben considerar establecer un departamento de recursos humanos para ayudar en este proceso. Hay muchos excelentes instrumentos de evaluación que pueden ayudar a los líderes de la iglesia lograr lo mejor del escaso personal que hubiere.

Hoy hay una variedad de estrategias de varios recursos para asistir en organizar un programa completo de capacitación de líderes desde principiantes con poca experiencia hasta veteranos sazonados. Por el bienestar del poco personal que tenga la iglesia, debe la iglesia tomar ventaja de tales capacitaciones. La terminología para estos recursos evaluativos varía, pero la mayoría son llamados "instrumentos. "

Un tal instrumento que yo he usado extensivamente en evaluar liderazgo se llama el "Personal Profile System", mejor conocido el nombre el 'DISC'. El 'Personal Profile System' es un instrumento (no es una batería de pruebas) que permite que los pastores, líderes, y trabajadores sean evaluados para aprender su propio estilo de liderazgo según se perciba por otros, especialmente los que le siguen. El' Personal Profile System' es publicado por Carlson Learning Company de Minneapolis, Minnesota, el cual ha estado en usa el cual ha estado en uso por varias décadas. Se escribe en varios idiomas y es sencillo para usar, a la vez siendo muy valioso. El 'DISC' se usa para determinar el estilo de liderazgo predominante de la persona.

Lo que hace este instrumento evaluativo ser único es que el 'Disc' ha sido preparado y probado por profesionales en el área de psicología de comportamiento humano. El 'Personal Profile System' también ha sido examinado por otras empresas que evalúan instrumentos de evaluación como este. Más que todo, su valor se puede ver en la grande cantidad de gente que usa el 'DISC' hoy.

El valor central del 'Personal Profile System' esta en su habilidad de ayudar al usuario mejor comprender como otros ven su liderazgo. En las muchas veces que yo pude evaluar hombres y mujeres con este instrumento, los comentarios de los evaluados eran de satisfacción y/o sorpresa de lo que aprendían de sí mismos.

Otra razón por usar el '**Carlson Learning Company**' es envaluar personal es que esta compañía no solo hace el instrumento el 'DISC', sino que también tienen un entero catalogo de herramienta evaluativa para varias áreas que requieran medir, calificar, y explorar el potencial de la gente.

Otra compañía que puede ser utilizada para entrenar el Líder es '**Organizational Design and Development, Inc.** Esta es otra compañía que produce herramienta para evaluación y capacitación de trabajadores. Esta compañía también tiene un catalogo completo de seminarios, aparatos, juegos, y proyectos para asistir la iglesias en mayor capacitación de gente.

Otro muy importante y aun bíblico instrumento que se puede tomar en consideración en asesorar personal es un inventario de dones espirituales que se puede comprar en casi cualquier tienda de Biblias. Esta herramienta puede ser enorme ayuda en asesorar los dones espirituales de trabajadores de iglesia. Se puede combinar con Escrituras relacionadas en las epístolas de los Romanos, Coríntios, Colosenses, y Efesios.

Razones para Evaluación de Trabajadores

Charles Swindoll, el previo pastor del '*Evangelical*

Free Church' en Fullerton, California, dio un mensaje en la en la Universidad de Biola cuando yo asistía allí. De ese mensaje yo he apropiado un importante mensaje. Él dijo,

> *"Si una empresa no está produciendo los productos o materiales correctos para ventas, y sus ganancias van hacia abajo, la compañía no despide al trabajador en la correa de transmisión. No, despiden al presidente de la empresa."*

Así es con la iglesia. Si la iglesia no atrae visitantes para crecimiento potencial, la culpa no se debe poner en la congregación ni los evangelistas. La responsabilidad cae en la visión del pastor, el mesa defectiva de gobierno de la iglesia, o ambos.

En realidad; trabajadores en la iglesia de hoy no son capacitados para recibir a la gente. Menos de la mitad de los miembros en general tienen elementos naturales para ser buenos anfitriones. Sin embargo, todos en la iglesia tienen el potencial de dar la bienvenida adecuadamente. La iglesia tiene que evaluarse para ver si esta faltando al blanco. El hacer poco o nada es limitar el potencial para crecimiento.

La más importante razón por evaluar a alguien es para tener buen entendimiento acerca dónde mejor utilizar a lo máximo las habilidades de la persona. Como se dijo anteriormente, el saber donde y como utilizar la persona permite que la persona sea un recurso favorable; no conocerle le convierte en una desventaja. Dependiendo del resultado de cada persona, la iglesia o se va a beneficiar o se hundirá más.

Pastores y líderes que tienen dificultad en entender como mejor trabaja el miembro y como es el trabajo que se le asigne al miembro, va crear trabajadores cada año que raramente tienen éxito. La mayoría de congregaciones tienen cierta cantidad de trabajadores y líderes. Si no se utilizan con cuidado, la iglesia se puede encontrar con miembros de bajo estado de ánimo.

Trabajadores que no han sido empleados correctamente descubren que después de tiempo, no quieren ayudar en los asuntos de la iglesia. Se mantienen distantes de liderazgo y asisten solo en los proyectos que no les causen más fastidia. Lo que pasa con iglesias que así sufren es que el pastor y unos pocos trabajadores resultan haciendo todo el trabajo. Por fin, aun esos trabajadores se sienten agotados. Cuando yo hacia trabajo de consulta entre las iglesias hispanas, formule un lema para despertar a los líderes de la iglesia. Decía, "El más grande obstáculo a cualquier liderazgo es la falta de comprensión del líder de dirigir." Los líderes de la iglesia tienen que aprender cuales obstáculos habrá en hacer crecer a su iglesia. En muchos casos esos obstáculos son causados por el liderazgo mismo.

Al evaluar su progreso la iglesia, se encontrara en una de áreas de crecimiento. La primer área de preocupación tocante crecimiento (y no están en orden) es cuando la iglesia crece lo suficiente para seguir hacia adelante. Está atrayendo y reteniendo suficientes visitantes para mostrar que lo que hacen es suficientemente bueno. Probablemente más se debería hacer, pero para hoy, están bien. La iglesia tiene programas y actividades que actualmente son agradables al visitante. Este tipo de iglesia está en a posición para continuar atrayendo los perdidos y tiene el potencial de aumentar programas de calidad que contribuyan a mayores cifras de crecimiento.

La segunda área para preocupación acerca el crecimiento es cuando la iglesia no crece o pierde miembros. No sufre perdidas, tampoco aumenta. La iglesia sabe que atrae y retiene muy pocos visitantes. Están ocupados con los pocos visitantes que atraen, pero tienen dificultad en identificar lo que se debe hacer para remediar la situación. Esta iglesia no entiende como atraen a los visitantes ni cuales están viniendo a su iglesia. Este no es un complicado problema para resolver. Más se dirá más adelante acera soluciones para este caso.

La tercer área de preocupación acerca crecimiento es cuando la iglesia no atrae ningún visitante, y aun esta perdiendo miembros presentes. La preocupación del liderazgo está más alto jamás, y hay un espíritu deprimido afectando los miembros. La iglesia probablemente sufre cambios de pastores, líderes y miembros. Bajo ánimo en ambos líderes y miembros roba a la iglesia de bendiciones y gozo. El personal que pudo haber remediado esta situación ya no existe. Probablemente no hay jóvenes o parejas jóvenes en este grupo. Solo los ancianos y miembros "pioneros" de la congregación la mantienen viva. Es difícil atraer visitantes a este nivel, aunque no imposible. Muchas iglesias se encuentran en este tercer tipo de estado y ni lo saben o no les importa. A este punto, se debe definir lo que bajo ánimo es y lo que hace a la congregación y el liderazgo. Muchos líderes se sienten confusos tocante la apariencia de lo que es la baja moral o ánimo y su impacto sobre ellos mismos.

Definición de Baja Moral (Ánimo)

La primer área de preocupación propuesto es el lado espiritual de la persona. Si el espíritu está bajo, algo se tiene que hacer para levantarlo. Levantar el espíritu de la persona no siempre es fácil de lograr. En realidad, el peor síntoma de una iglesia derrotada es el bajo ánimo.

Bajo ánimo se relaciona con la auto estima de la gente. En otras palabras, es la forma en que la gente se siente hacia algo que aman o que les interesa mucho. Si los líderes y miembros no sienten algo por su iglesia para querer invertir tiempo, esfuerzo, y recursos financieros, la condición de esa iglesia no va a cambiar. Si los sentimientos de la gente no pueden ser cambiados tal que se sientan bien de sí mismo, no se sentirán inclinados de invertir ninguna parte de sí mismos. De nuevo, temor de fracasar tiene profundas raíces. Si la congregación aun ve la posibilidad del fracaso, la probabilidad de que inviertan son nulificadas.

Si existe bajo ánimo en alguna congregación, la primer repuesta por el líder es de averiguar qué causó el bajo ánimo. Una estrategia deportiva bien conocida es que la mejor defensa es una buena ofensiva. Para que un líder ayude a una iglesia a salir de un problema terrible de ánimo bajo, tiene que saber la causa.

Una forma segura que puede ayudar que el ánimo de la iglesia suba de nuevo, a lo menos temporalmente, es el verse haciendo lo que fue llamada a hacer. Jamás he visto una iglesia no excitares cuando alguien viene al Salvador. Aun la Escritura dice cuando un pecador viene a la salvación, hay gozo entre los ángeles del cielo.1 ¿Cuánto más no debe haber goza entre los creyentes?

No se debe esperar que creyentes de bajo ánimo principien inmediatos esfuerzos de alcanzar almas. Solo por haberse regocijado por una o dos almas que se salvan no quiere decir que su espíritu haya salido del valle-solo alivia el ánimo bajo por un rato. Sus circunstancias mentales, físicas, y espirituales tienen que ser reprogramado para creer que el Dios todopoderoso en el cielo de nuevo les dará el poder una vez más para su ministerio. Muchos obstáculos trabajan en contra del desarrollo del creyente al hacerse ardiente ganador de almas. El pastor o líder tiene que estar familiarizado con la guerra espiritual. Tiene que estar totalmente familiarizado con la oración y ayuno y ser sensible ala guianza del Espíritu Santo.

El diseño de liderazgo que trabaje eficientemente es el más complejo sistema dentro del crecimiento de iglesias. La mayoría de pastores y líderes no conocen las bases del diseño de un plan para capacitación de líderes y trabajadores. Muchos líderes y trabajadores cristianos

---

1 Lucas 15:10, La cita de Lucas acerca lo que Cristo dijo de un pecador que se arrepiente.

son dados ministerios, trabajos, y cosas que hacer sin poca o nada de instrucción sobre como hacerlo, y poca o nada de descripción acera las metas del ministerio.

Requiere tiempo y atención personal para ayudar a la gente a sobrellevar su baja auto estima para romper el bajo ánimo. Dependiendo de la severidad del auto estima, algunos trabajadores quizás tengan que ser guiados de cerca para ciertos trabajos, posiciones ministeriales y/o ministerios. Al principio, quizás se les tenga que dar trabajos u objetivos que les permita hacer cosas

Fuerzas y Debilidades 89 sencillas para mejorar su confianza. Al aumentar su dependencia, también aumentarán las responsabilidades del trabajador. Como se dijo anteriormente, dependiendo en la severidad del espíritu del pueblo y su fe en sí y en Dios, el pastor o líder quizás tenga que andar con ellos desde que principie a entrenarles.

Dones Espirituales

En el cuerpo de Cristo hoy, hay una grande necesidad de comprender el uso de dones espirituales. Por mucho tiempo muchos decían que estos dones fueron cumplidos y terminaron con la iglesia del primer siglo. Pero todo que se lee en las escrituras no está de acuerdo. Para los que acuerdan que son útiles y aplicables hoy, le reto que prin cipie por leer todo lo que se ha escrito sobre el tema. Lea la palabra de Dios donde habla de estos dones. Entreviste pastores que implementan con éxito el uso de esos dones. Recuerde que esos dones son para la administración y ministración del cuerpo de Cristo. Ambos salvos y no salvos son ministrados por estos dones. Los dones de liderazgo empoderan al hombre y mujer para dirigir sus iglesias con gran fe y dedicación. Las áreas escriturales que mencionan estos dones deben ser examinadas.

Es el Apóstol Pablo quien escribe más sobre dones espirituales en el Nuevo Testamento. Los dones dados a creyentes son un servicio de amor para el que los recibe. El Apóstol Pablo dice esto en Romanos, capítulo 12. Él anima a la Iglesia en Roma en este capítulo de presentar sus "cuerpos en sacrificio vivo, santo, agradable a Dios que es vuestro culto racional." [2]

Dones espirituales son dados a hombres y mujeres para servir. Este servicio es para ser administrado por los santos a quien lo requiera. El Apóstol Pablo procede a explicar los varios dones dados al creyente. En versos 6 al 8 el Apóstol Pablo enfatiza los siguientes dones:

---

[2] *Romanos 12: 1ff, La exhortación de Pablo de la vida presentada ante Dios.*

De manera que, teniendo diferentes dones, según la gracia que nos es dara, si el de profecía, usese conforme a la medida de la fe; o si el de servicio, en servir; o el que enseña, en la enseñanza; el que exhorta, en la exhortación; el que reparte, con liberalidad; el que preside, con solicitud; el que hace misericordia, con alegría.3

El Apóstol Pablo menciona siete dones que son dados al creyente: profecía, ministrar, enseñar, exhortación, dar, administrar, y misericordia. Todos estos dones son para el cuerpo de Dios y para crecimiento. Nadie a quien un don es dado debe pensar de sí en más alta categoría o en nada más. En vez, los creyentes deben considerse miembros del mismo cuerpo, más con diferentes oficios.

Otro pasaje que habla de dones espirituales está en I Corintios 12. Dos tercios adentro de la escritura de esta epístola, el Apóstol Pablo incluye un capítulo de dones para creyentes de esta área. Principia el capítulo diciéndole a sus lectores que el no tolerara la ignorancia acerca los dones espirituales. Lo siguiente es una cita de versos 1-11:

"No quiero, hermanos, que ignoréis acerca de dones espirituales. Sabéis que cuando erais gentiles, se os ex

---

3 *Romanos 12:6-8f, la explicación de Pablo de los dones espirituales en el servido de amor del creyente.*

*traviaba llevando los, como se os llevaba, a los ídolos mudos. Por tanto, os hago saber que nadie que hable por el espíritu de Dios llama anatema a Jesús; y nadie bien, hay diversidad de dones, pero el Espíritu es el mismo. Y hay diversidad de ministerios, pero el Señor es el mismo. Y hay diversidad de operaciones, pero Dios, que hace todas las cosas en todos, es el mismo. Porque a éste es dada por el Espíritu palabra de sabiduría; a otro, palabra de ciencia según el mismo Espíritu; y a otro, dones de fe por el mismo 1 Espíritu; y a otro, dones de sanidades por el mismo Espíritu. A otro el hacer milagros; a otro, profecía; a otro, discernimiento de espíritus; a otro, diversos géneros de lenguas; y a otro, interpretación de lenguas. Pero todas estas cosas las hace uno y el mismo Espíritu, repartiendo a cada uno en particular como él quiere."*4

El Apóstol Pablo elaborar sobre el cuerpo y sus muchas miembros, concepto que principió en Romanos 12. En 1 Corintios 12, el Apóstol Pablo desarrolla la metáfora de cuerpo más completo. También es interesante como discute sus propios dones en 2 Corintios 10 al compartir su propia autoridad espiritual. En el verso 13 escribe de las cosas "según la medida bajo la regla que Dios nos ha repartido, una medida para alcanzar aun a la gente." Parece como si esta "medida para alcanzar" es una extensión del don de predicar que da. Note que el verso 16 él les exhorta "de predicar el evangelio en regiones lejanas,

---

4 *1 de Corintios 12: 1ff, La explicación de Pablo de dones espirituales y su responsabilidad hacia los creyentes.*

sin ser altivos donde la mano de otra ya ha abierto paso para uno."

El Apóstol también hizo otro muy interesante comentario en verso 14, donde escribe, "Porque no nos sobrepasamos de la cuenta, como si no te buscásemos a ti: porque hemos venido hasta donde tu estas predicando el Evangelio de Cristo." Parece como que algunos dones pueden tener limitaciones por el Espíritu de Dios en la forma que el Espíritu midió el don. Parece como si la limitación tiene que ver con el extenso a cual el Espíritu Santo desea extenderlo.

¿Porque es esta información acerca los dones importante para la reclutación de visitantes? En capitulo 10 de Lucas, Jesús envía 70 discípulos a los pueblos y aldeas circunvecinas para llevar el Evangelio del reinado de Dios. Les da instrucciones tocante lo que llevar el Evangelio del reinado de Dios. Les da instrucciones tocante lo que Él quiere que digan:

> *"Y les decía: "La mies a la verdad es mucha, mas los obreros pocos; por tanto, rogad al Señor de la mies que envíe obreros a su mies. Id; he aquí yo os envío como corderos en medio de lobos. No llevéis bolsa, ni alforja, ni calzado; y a nadie saludéis por el camino. En cualquier casa donde entréis primeramente decid: Paz sea a esta casa. Y si hubiere allí algún hijo de paz vuestra paz reposara sobre él; y si no, se volverá a vosotros."*5

---

5 *Lucas 10:1-6, Explicación de Lucas de que Cristo dijo a los setenta discípulos.*

Si la iglesia sigue el ejemplo que Cristo dejó con este pasaje, debe enviar los 70 discípulos entrenados para hacer el trabajo de Dios, a la cosecha. En el campo de atraer visitantes o de visitar al perdido, la iglesia debe entrenar sus miembros para usar lo que Dios les ha dado para el trabajo del ministerio. En este caso, los que Dios les ha dado son los dones espirituales. Si el creyente no sabe lo que el Espíritu Santo le ha dado y no sabe como usarlo, los resultados de su labor serán pequeños. Los creyentes tienen que ser instruidos que todo lo que las Escrituras dice les pertenece para uso bueno. Esto es lo que la iglesia del Nuevo Testamento comprendió lo cual ayudó en su éxito.

Los creyentes también tienen que estudiar todo lo que la Biblia enseña y aprender como usarlo para el éxito en alcanzar esta generación. Líderes aprenden a trabajar con gente o programas más efectivamente si comprenden su llamado, oficina y sus dones. En la epístola a los Efesios, capítulo 4, verso 11 al 16, San Pablo da otro resumen:

> *"y él mismo constituyó a unos, apóstoles; a otros, profetas; a otros, evangelistas; a otros, pastores y maestros, a fin de perfeccionar a los santos para la obra de ministerio, para la edificación del cuerpo de Cristo, hasta que lleguemos a la unidad de la fe y del conocimiento del Hijo de Dios, a un varón perfecto, a la medi*

da de la estatura de la plenitud de Cristo."6

Esta porción de las Escrituras expone más el desarrollo de oficinas, llamamientos, y dones de cuales el Apóstol Pablo ha venido desarrollando con la ayuda del Espíritu Santo para el uso de los santos. En esta porción de la Escritura, las razones para estas vocaciones es revelado. Según el verso 12, estos dones son dados por tres razones.

1. La primera es para equipar a los santos,
2. la segunda es para el trabajo del ministerio, y
3. la tercera es para la edificación de los santos. Esto continuará hasta que el cuerpo de Cristo se unifica en la fe, nutrido por el conocimiento del Hijo de Dios, un hombre madura, a la medida y estatura de la plenitud de Cristo.

La última parte de este pasaje da una más detallada explicación de lo que Pablo escribió en I Corintios 12:28: "Y a unos puso Dios en la iglesia, primeramente apóstoles, luego profetas, luego tercero maestros, luego los que hacen milagros, después los que sanan, los que ayudan,

---

6 Efesios 4: 1-13, Explicación de Pablo de la unidad del Espíritu.

á diciéndole a la gente como han de ser bautizados. "Luego los que administran, los que tienen don de lenguas." Algunos han catalogado los primeros tres como oficinas. Sin embargo, los otros dones están en el mismo contexto. Si los primeros tres son oficinas, entonces los últimos cinco son oficinas también. La Escritura tiene que interpretarse con consistencia.

Hay otras porciones de Escritura donde los dones se mencionan. En Hechos 6:3, las suplicas de los apóstoles son para hombres de buen testimonio, llenos del Espíritu Santo y sabiduría que muestran prudencia de servicio. Sabiduría ya se ha visto en otras listas, pero ¿que de "lleno del espíritu santo?" ¿Podrá esto ser un don? En Hechos 2:38, el Apóstol Pedro esto Pedro les dijo, Arrepentíos y bautícese cada uno de vosotros en el nombre de Jesucristo para perdón de los pecados; y recibiréis el don del Espíritu Santo." En Inglés, la palabra don es fácil de entender. En el Griego, la palabra para don tiene varias connotaciones. Algunos de los dones son dones de gracia de parte de Dios el dador. Otros son dones gratuitos haciendo hincapié en Su carácter gratuito, o el acto de dar. Todos son dones para ser usados en el servicio de Dios.

No fue solamente el Apóstol Pablo quien habló acerca dones.

El Apóstol Pedro también mencionó el uso de estos dones por buenos mayordomos de la gracia de Dios. En 1 Pedro 4: 10, habla del usar los dones que Dios ha dado para ministrar uno al otro. "Cada uno según el don que ha recibido, minístrelo a los otros, como buenos administradores de la multiforme gracia de Dios." 7

El pastor que puede comprender como usar los dones de su congregación sabe donde mejor poner sus miembros para lograr el máximo uso de esos dones. Los dones espirituales dados a individuos son una segura seña de Dios concerniente Sus deseos en hacer crecer su iglesia. Esta es la razón que la iglesia del primer siglo tuvo tanto éxito. Aprendieron el movimiento del Espíritu Santo por medio de los dones de los creyentes.

El pastor que desea que su congregación crezca es el pastor que entiende que el no puede hacer todo el trabajo de crecimiento de los creyentes el solo. El tiene que hacerse la cabeza que dirige el cuerpo. Tiene que aprender a soltar la energía escondida de su gente. Tiene que aprender a tocar eso que Dios ha dado a sus hijos.

---

1 Pedro 4:10, Amonestación de Pedro de ministrar uno a otro.

Por medio de la comprensión del inventario de dones del creyente, el pastor podría dibujar un retrato claro y completo de la dirección que el Espíritu Santo quiere que lleven. A menudo los dones del creyente pueden centrarse dentro de cierta categoría de sanidad, evangelizar, enseñar 0 reconciliación, permitiendo al pastor descubrir donde y con quien principiar el ministerio. En otras ocasiones, los dones del creyente pueden ser esparcidos bien igual entre el rango de dones. Cual sea el caso, el pastor debe examinar la visión o dirección que el Espíritu Santo este señalando.

En mis vueltas de consulta en las iglesias hispanas, he llegado a valorizar los hombres y mujeres visionarios quienes crean con una potente fuerza un clima especial que permite que los valores y visión de la iglesia se vigorizan, prevalen, y dirijan cada ministerio, actividad, y operación. La fuerza potente que permite la aplicación de valores y visión ser aplicada es la misma fuerza que libra la fuerza creativa de la gente y sopla nueva vida al trabajo de la iglesia. La fuerza potente es la guianza del Espíritu Santo.

Mientras visión sirve para sonar sueños, dirección ayuda a dirigir los sueños hacia cumplición. Alguna gente dice que dirección es la misión o el objetivo. La razón por usar el vocablo dirección en vez de misión u objetivos es que es muy difícil concebir un sueño y hacerlo funcionar efectivamente al principio sin que algo mal ocurra. Ninguna idea o sueño puede crecer pies y salir corriendo. Tiene que principiar gateando por un tiempo. Así como una nave grande requiere un remolcador para dirigirlo fuera del muelle a la alta mar, también un sueño necesita dirección para ponerlo en vía correcta. Una vez que la dirección ha sido dada con firmeza, entonces el sueño o visión puede ser ayudado a moverse.

Visión y Dirección Divinas

Otra evaluación que la iglesia local tiene que hacer concerniente su llamado como un cuerpo de creyentes es de llegar a un entendimiento de la visión y dirección que el Espíritu Santo está dando o intentando dar. Visión y dirección divina provienen de Dios. No hay forma que el hombre natural pueda salir con valores y dirección divinos de su propia cuenta. Si el hombre quiere servir a su Creador en capacidad de sirviente conduciendo al pueblo al reinado de Dios, tiene que ir al Maestro primero y buscar el plan de Dios para su vida y para la iglesia de la cual es responsable.

Dios dio al hombre talentos naturales para ganarse la vida y ser responsable al orden natural y sus familias. También dio a todo creyente dones espirituales para usar en el gobierno y . crecimiento de la iglesia. Dones espirituales son una de las áreas que han recibido poca atención. Cuando el pastor y líderes de la iglesia aprendan a usar dones espirituales sabiamente, aprenderán el plan de Dios. Como se menciona antes, el utilizar el inventario espiritual del creyente puede ser gran ayuda en aprender cual creyente ha sido dado cual don para uso en el crecimiento de la iglesia.

Liderazgo Divino

¿Qué es liderazgo divino? Liderazgo divino es la capacidad de dirigir a otros con carácter, atributos, y personalidad divina. Es más una actitud que otra cosa. El alcanzar al perdido y almas atribuladas requiere guianza divina. El atraer almas demanda que los que se extienden a ellos sean hijos genuinos del Dios viviente.

Ted. W. Engstrom dice en su libro **The Making of Christian Leader** de la gente que se está alcanzando:

"Nuestra nación y mundo hoy se encuentran con problemas que parecen ser insufribles. Problemas de seguridad y defensa son apremiantes. En su mayoría, nuestra juventud, o líderes futuros, están confusos, alienados, y

desmoralizados. La moral esta a un punto bajo en extremo. Niveles morales casi son inexistentes. La creciente deuda nacional, naciones en bancarrota, ciudades en líos financieros, e inestabilidad económica causan más alarma cada día que pasa. Entre estas consecuencias de gravedad, nuestra generación está sufriendo un problema igual de serio: una crisis de liderazgo."[8]

Ted Engstrom escribió este libro a mediado de los 1970. Nunca se imaginó como se parecería su país en los 1990. La deuda nacional está en los trillones. Se dice que los niños de hoy tienen que pagar os tercios de su cheque al gobierno para reponer la deuda que nuestros padres dejaron.

En el mismo libro, Ted Engstrom dice lo siguiente acera el liderazgo:

"Aunque el liderazgo sea difícil definir, la una característica común a todo líder es la habilidad de hacer cosas suceder-de actuar para asistir otros a trabajar en un ambiente dentro del cual cada individuo que sirva bajo él se sienta animado y estimulado al grado que sea ayudado a realizar su máximo potencial para contribuir juiciosamente." [9]

---

[8] **Ted W. Engstrom, <u>The Making of a Christian Leader</u>** *Grand Rapids, MI: Zondervan Publishing House, 1976), 12.*

[9] **Engstrom, 20**

Como se dijo anteriormente, el liderazgo tiene más que ver la actitud del líder que con sus acciones. Sus acciones y posibles secuencias son dictadas por su actitud. Porque liderazgo es una actitud, uno puede ser señor de sus seguidores, o uno puede ser un sirviente para motivar a la gente a seguir. David L. McKenna parece acordar con esto en su libro Power to Follow. Grace to Lead al escribir:

"Teoría de liderazgo secular tiende a enfatizar la organización y el proceso más que la persona. Cuando la teoría secular enfatiza la persona, los atributos de competencia y carisma suelen ser más importantes que el carácter. Un líder secular puede nacer con habilidades naturales y ser enseñado ciertas habilidades que aumentan su cualidad de liderazgo, pero los recursos para liderazgo son limitados a dimensiones humanas. Liderazgo cristiano es diferente porque se enfoca en el carácter de la persona e incluye recursos espirituales tanto como humanos."[10]

Liderazgo divino tiene que ser evaluado desde el punto de motivos divinos. Liderazgo que es bíblico busca dirigir con un estilo orientado al servicio. La actitud debe ser de servir y fomentar a otros no a sí mismo. El liderazgo que desea control de los seguidores solo busca tras auto elogio, beneficio, Y prestigio. Este tipo de liderazgo no es bíblico. Mateo relata el siguiente discurso entre Jesús y una madre ambiciosa:

---

[10] David L. Mckenna, <u>Power to Follow, Grace to Lead</u> (Dallas, : Word Publishing House, 1989), 29.

"Entonces se le acercó la madre de los hijos de Zebedeo con sus hijos, postrándose ante él y pidiéndole algo. Él le dijo: ¿Qué quieres? Ella le dijo: Ordena que en tu reino se sienten estos dos hijos míos, el uno a tu derecha, y el otro a tu izquierda. Entonces Jesús respondiendo, dijo: No sabéis lo que pedís. ¿Podéis beber del vaso que yo he de beber, y ser bautizados con el bautismo con que yo soy bautizado? Y ellos le dijeron; Podemos. Él les dijo: A la verdad, de mi vaso beberéis, y con el bautismo con que yo soy bautizado, seréis bautizados; pero el sentaros a mi derecha y a mi izquierda, no es mío darlo, sino a aquellos para quienes está preparado por mi Padre. Cuando los diez oyeron esto, se enojaron contra los dos hermanos. Entonces Jesús, llamándolos, dijo: Sabéis que los gobernantes de las naciones se enseñorean de ellas, y los que son grandes ejercen sobre ellas potestad. Más entre vosotros no será así, sino que el que quiera hacerse grande entre vosotros será vuestro servidor, y el que quiera ser el primero entre vosotros será vuestro siervo; como el Hijo del Hombre no vino para ser servido, sino para servir, y para dar su vida en rescate por muchos."[11]

Jesucristo, el Hijo de Dios, tenía más razones para ejercer Su autoridad sobre la gente más que nadie en Su creación. En vez, escogió demostrar el corazón de líder verdadero por su actitud y acciones como Jesús el siervo según el Evangelio de Marcos. Líderes divinos influencian de por dentro por animar, inspirar y motivar. Disfrutan el desarrollo de buenas relaciones con co-trabajadores, así ayudándoles a crecer.

---

[11] Mateo 20:20-28, *Amonestación de Jesús acerca liderazgo como sirviente.*

El libro de Frank Damazio **The Making of a Leader** correctamente hace la diferencia entre motivos divinos y motivos seculares. Él declara:

> "Al revisar las características de un líder divino, no podemos evitar ver que motivos puros y espirituales en el corazón dan crecimiento. Por contraste, si el líder busca posición alta solo por la exaltación, este usará la gente solo Para sus propios fines, en vez de servir sus necesidades. Ademas si el líder principalmente quiere hacer que la gente dependa de su presencia (de tal manera dándole sentimientos de poder), jamás entrenara propiamente los que tienen deseo de ser usados por Dios. Dios da mucha importancia en los motivos y razones de un líder. Los motivos equivocados envenenan el trabajo del líder, mientras motivos correctos sobrevienen multitud de dificultades." 12

Al explicar motivos divinos, Frank Damazio claramente ilustra las cualidades de un líder de Dios. Dice lo siguiente:

> "Por otro lado, las motivaciones que Dios quiere ver en las vidas de Sus líderes son las motivaciones que nos impulsarán hacia arriba. El deseo de servir a otros y suplir las necesidades, de hacerles tener éxito en su llamado y su ministerio, tal como Jonatán hizo para David. Una hambre de mostrar el amor de Dios a los que tan desesperadamente lo necesitan. Un profundo, terco cometido de serle fiel a la voluntad de Dios en nuestras vidas. Una urgencia de conducir otros a Cristo. Una necesidad de unir miembros de la familia bajo la presen

---

12 Frank Damazio, <u>The Making of a Leader</u> (Portland OR.: Bible Temple Publishig,1988), 32.

cia de Cristo. Un deseo de ayudar a los enfermos de espíritu, el pobre y oprimido."[13]

Las dos citas de Frank Damazio ayudan a explicar la importancia de liderazgo divino para propiamente ejercitar las habilidades de miembros de iglesia y trabajadores de atraer y retener visitantes. Nada más puede motivar a miembros de iglesia de ser mas agresivos y sensitivos hacia el que no tiene a Dios para la retención. El ejemplo establecido por los líderes de la iglesia tocante amabilidad hacia el visitante tiene que ser transparente y contagioso tal que automáticamente motive a los miembros a que interacciones efectivamente con los nuevos visitantes.

Pasos de Acción

1. Un cuestionario de auto evaluación tiene que ser completado en todas áreas y departamentos de la iglesia. George Barna de Barna Research produce un inventario auto administrado, fácil de usar que es excelente para evaluación de trece áreas en 1a iglesia.[14]

2. Una encuesta auto evaluativa sobre la sensibilidad de visitantes debe hacerse. HRDQ, una compañía que

---

[13] **Damazio, 33.**
[14] **Geroge Barna, The User Friendly Inventory, Glendale, CA., 1992.**

produce recursos de aprendizaje para maximizar equipos e individuos, produce un curso de entrenamiento que tiene una encuesta incluida que enseña a la gente de poner al cliente primero. Fácilmente se puede adaptar a la iglesia. [15]

3. Completar una encuesta auto evaluativa sobre el liderazgo de la iglesia para examinar metas, prioridades, y filosofía ministerial que tenga la iglesia y los deseos que tenga, de seguir usándolos. El curso de líder comprensivo que HRDQ produce puede ser muy efectivo en esta área. [16]

4. Conducir una encuesta auto evaluativa sobre la comunidad en cual la iglesia ha estado trabajando para ver si todavía es útil para los recursos que tenga la iglesia. Tristemente, no hay muchos recursos disponibles para examinar o para una encuesta de la comunidad para lo que la iglesia necesita. La iglesia puede producir un cuestionario propio. El cuestionario debe ser tomado de lo que la iglesia desea y busca en y para los visitantes.

---

[15] *HRD Quarterly, Organization Design and Development, Inc., (King ssia, PA., 1997).41.*
[16] *HRS Quarterly, 36.*

Resumen

La importancia de este capítulo en asesorar los recursos de la iglesia es de suma importancia para el trabajo que tiene por delante. Para poder comprender lo que tiene la iglesia en el arsenal de recursos y lo que el Espíritu Santo desea hacer con ello es vital. Aunque el pastor que sí es enviado de Dios pueda tener una muy buena idea de lo que el Señor desea hacer con esa iglesia, el conocer cuales recursos están disponibles para la iglesia usar en alcanzar al perdido es otra cosa. No hay excusa por tomar malas decisiones hoy en día. Hay mucha ayuda para el pastor que quiere salir adelanto de la competencia. En el siguiente capítulo, habrá información sobre algunas ideas y técnicas en hacer un asesoro comunitario, Este no es un capítulo comprensivo, pero hay ideas concerniente como aprender más acerca la comunidad que uno desea alcanzar.

CAPÍTULO CINCO
EVALUACION COMUNITARIA
Asesorando Necesidades Comunitarias

El asesoro de necesidades comunitarias es el lado opuesto entrenamiento de líderes de la iglesia. Tiene que haber buena para embarcar en la organización y entrenamiento de miembros y líderes de una iglesia. La razón principal debe ser de encontrar, atraer y retener los visitantes para el crecimiento de la iglesia. Y sin embargo, ¿a dónde va uno para encontrar esos visitantes? ¿Cuáles comunidades, vecindades, ciudades, y parques deben ser visitados en busca de almas? La iglesia, en general ha calado algunos o todos los retos comunes conocidos a la congregación normal. Ha ido testificando de puerta en puerta, animando a miembros traer visitantes, o ha esperado que visitantes arriben de las calles.

En el capítulo dos, ejemplos fueron expuestos sobre tres tipos de iglesias. Uno fue de crecer con un número razonable de visitantes cada domingo de cuales conseguir membresía futura. Otro fue de criar suficientes para mantener la cantidad que la iglesia desea tener. El último ejemplo fue de la iglesia que está perdiendo miembros y declinando rápidamente.

Una iglesia en una comunidad que tiene grandes nú

meros de gente B (blanca, de ingresos medianos a altos) con pocos números de tipo N (negros), H (hispanos), y A (asiáticos), tendrá suficientes números de gente B de cuales evangelizar. Pero, si la situación es cambiada y la gente predominante de esa comunidad son de culturas N, H y A, entonces la iglesia de miembros B tendrá muy pocos visitantes B de cuales evangelizar para membresía y actividades de su iglesia. En este caso, no importa que tan grande sea el área evangelística que tenga la iglesia. Si el tipo de gente que quiere atraer es muy poca, entonces experimentarán poco crecimiento. Porque el tiempo no espera a nadie, se puede decir que la iglesia que se apega a un tipo de gente puede un día despertar para descubrir que el tipo de gente de cuales gusta escoger o atraer se han mudado y la gente que hoy ocupa su área de ministrar son extraños.

Iglesias que permanecen en comunidades con el mismo tipo de gente, estilo de adoración, y programas mientras la comunidad esta pasando por cambio cultural pueden encontrarse con una mentalidad de fortaleza. Lo que hace la diferencia entre una iglesia con éxito y una que solo mantiene es la cantidad de almas que se puedan alcanzar en su comunidad circunvecina. Si el número de as que la iglesia espera alcanzar no es disponible cual sea la razón, la iglesia no crecerá. En ocasiones lo que mantiene a la iglesia viva por mucho tiempo son las gentes que conmutan a la iglesia de afuera de la comunidad.

Comunidades que Cambian Culturalmente

Si una cultura se va y otra entra a la comunidad, generalmente hay un largo periodo transicional. Estos cambios culturales no ocurren de día a noche. Negocios, escuelas, gobierno local, e iglesias tienen bastante tiempo para adaptarse y cambiar. Cualquier negocio que sirve a la comunidad pero resiste el cambio que está ocurriendo en el área tiene que sufrir perdidas financieras, posiblemente aun bancarrota. En el caso de la iglesia que rehusa cambiar con las necesidades de la comunidad, el cuerpo de creyentes en la iglesia no va a reciprocar. En algunos casos, la iglesia podía repulsar la nueva cultura, causando discordia y alienación entre ambos. Estas congregaciones toman grandes cuidados en conservarse. Algunos de los cuidados son poner muros o cercas alrededor de la propiedad de la iglesia para protegerse de los nuevos arrivados. Otras cosas que hacen son la compra de edificios adicionales para el apoyo de todo lo que puedan necesitar sus miembros dentro de la mentalidad de fortaleza, tal como facilidades deportivas y facilidades banqueteras.

Frank R. Tillapaugh en su libro **_Unleashing the Church_** da una excelente definición de como se ve una Iglesia fortificada.

Él escribe:

> *"La Iglesia fortificada pone su edificio, principia sus programas y se concentra principalmente dentro sus muros. La iglesia liberada no está despreocupada con lo que ocurra dentro de sus edificios, pero sí esta su enfoque en parte en ello. En la Iglesia liberada el ministerio principal del individuo puede estar en uno de muchos programas tradicionales de iglesia tal como la Escuela Dominical."* 1

En su segundo libro **_Unleashing Your Potential_**, Tillapaugh de nuevo da su versión de lo que él entiende por la idea "**_mentalidad fortificada_**." Él dice:

> *"En pocas palabras, la mentalidad fortificada dice que la iglesia ministrara a quien sea que entre a nuestras cuatro paredes de nuestra iglesia, y que se acople a nosotros."* 2

Una mentalidad fortaleza es, desafortunadamente, muy predominante en muchas iglesias. Es esta mentalidad que puede fácilmente dañar a la gente y pararlos de ir a sus vecindades y áreas de ministrar para tener impacto. Esta mentalidad estorba a la gente en toda forma porque

---

1 *Frank R. Tillapaugh, Unleashing the Church (Ventura, CA.: Regal Books, 1982), 8.*
2 *Frank R. Tillapaugh, Unleashing your Potential (Ventura, CA.: Regal Books, 1982), 22-23.*

requiere que todo programa y actividad Sea lograda dentro de las cuatro paredes de su iglesia. Es como hacer la comparación entre cuantos peces serán tornados en un lago usando un anzuelo o una red en un lago o en un buque de pesca en el mar, la mentabilidad fortaleza limita la habilidad de pesca del comercialmente. Pesca deportiva es para gusto y relajamiento. Es para diversión y ganar trofeos y premios. En contraste, pesca comercial es una ocupación, es para ganarse la vida. El Apóstol Mateo en su Evangelio escribe del punto de vista de Cristo en este caso.

> *"Andando Jesús junto al mar de Galilea, vio a dos hermanos, Simón, llamado Pedro, y Andrés su hermano, que echaban la red en el mar; porque eran pescadores. Y les dijo: Venid en pos de mí, y os haré pescadores de hombres. Ellos entonces, dejando al instante las redes, le siguieron.3*

Comunidades de culturas en cambio más que todo afectan las iglesias que son del tercer tipo. Esta iglesia, que con tiempo tendrán menos y menos visitantes y miembros apoyando su congregación, sin duda sentirá la mayor presión para sobrevivir en sus facilidades presentes. Los mismos pioneros y los testarudos que siguen en la iglesia son probablemente los mismos que rehusaron

---

3 Mateo 4:18-20, Selección de Cristo de Sus discípulos.

irse con los miembros originales, y los que resisten miembros comunitarios nuevos entrantes. ¿Que pasará con los niños de los pioneros y los testarudos?

Los niños de estos pioneros que deciden permanecer con sus padres en las comunidades en cambios culturales, tendrán que aprender a tener intercambio e integrarse con la cultura incipiente. Los matrimonios mixtos y niños de los mismos principiarán el proceso de un sub grupo o sub-cultura mencionada más temprano.

Dependiendo de los valores estrictos de la cultura incipiente o inflexibilidad de la membresía actual, la iglesia o cambiará y crecerá o por fin morirá. Además, los matrimonios mixtos de esas parejas pueden causar tremenda presión dentro de las familias. Habrá la tendencia de haber prosélitos de ambas culturas en cuanto a valores, creencias, tradiciones y aun afiliación de iglesia. Aunque los padres de matrimonios mixtos deseen trabajo proselitanta, los miembros de la iglesia no simpatizaran tanto.

En América hoy, sub-culturas son una mezcla o armonía do valores entre dos culturas que se casan. La identificación con sus propios valores y cultura todavía es relativamente fuerte. No es hasta que el nacimiento del retoño del matrimonio mixto que la identidad con una cultura o la otra empieza a perderse. El retoño entonces se vuelve una sub-cultura. Una crisis de identidad se forma en la primer generación.

Muchos niños de primera generación a menudo rechazan la madre cultura o patria. Al escuchar a sus padres hablar de la madre patria fantástica y lo que era, no pueden ellos identificarse con ella como su herencia. El mundo donde ellos están creciendo les da todo lo que necesitan para asimilarse. De hecho, cuando los niños son Llevados a la madre patria, muchos de ellos principian a rechazarla y todo lo que representa. Al crecer, el rechazo aumenta al grado de que cuando los padres visitan sus familias, los hijos no van con ellos. En esta etapa muchos padres no pueden comprender porque sus hijos no quieren ir, pero con tiempo lo aceptan.

Cuando yo estaba en un internado durante una clase de seminario, me envolví con una iglesia por nombre de "Church on Brady" y el pastor era y todavía es Tom Wolve. El había escrito un libro intitulado Oikos Evangelism. Su iglesia había pasado por un cambio e cultura comunitaria. Originalmente, creo, era una congregación/iglesia Bautista. Él había sido traído como el pastor, y cuando se había familiarizado can los problemas de crecimiento en esa iglesia, sus sugerencias a la restante congregación era de redirigirse hacia la atracción de los hispanos que estaban en su área evangelística. La idea de área evangelística se define como "una distancia de manejar razonable de la iglesia, generalmente de unos 25 minutos."4 La gente que vivía en su área evangelística eran ambos negros e hispanos con algunos blancos que permanecían. Era por esto que escribió su libro **Oikos Evanglism**. Recuerdo mi profesor de crecimiento de iglesia, Dr. Harold Dollar, dijo que la iglesia en "Brady" podría atraer hispanos de primera y aun segunda generación, pero no hispanos tradicionales de después de la segunda generación, pero no hispanos tradicionales de después de la segunda generación, Al principio, no comprendí de que hablaban, pero hoy tengo mucha mejor comprensión de este fenómeno. Este problema se explicara en el quinto capítulo. La iglesia en 'Brady' es un buen ejemplo de una cultura que se va y otra que toma su lugar.

Al irse una cultura, una nueva entra, y con tiempo, otra puede entrar para repetir el ciclo de nuevo. Solo que esta vez la sub-cultura no tiene fuertes valores y tradiciones para darle a sus miembros anclas de que agarrarse durante el cambio. Lo que ocurre en tal cambio es que la segunda cultura entrante toma control mucho más

---

4 Win Am, The Church Growth Ration Book, (Pasadena, CA.: Church Growth, Inc. 1997), 47.

rápido que la previa cultura. Esta mezcla produce disputas territoriales. El resultado al fin en todo esto es el nacimiento de terroristas de sub-cultura, mejor conocidos como pandillas hoy.

Uno podría preguntar, "¿Dónde esta la comunidad mientras todo esto ocurre?" La respuesta es obvia. La iglesia local se ha enajenado de todo lo que esta ocurriendo en la comunidad. La iglesia ha cerrado sus puertas y se ha recluido tras sus paredes.

Otro podría preguntar, "¿Pero que no hay otras iglesias alcanzando a esa gente?" La respuesta nuevamente es obvia. A menos que una iglesia del área se interesa, no habrá nadie extendiéndose a esa gente. Una iglesia de la comunidad de donde proviene la cultura incipiente quizás decida plantar una misión en esta nueva área. Pero eso solo ocurrirá si la incipiente cultura es cristianizada. Las posibilidades de que eso ocurra son pocas.

En asesorar una comunidad, uno tiene que tomar en cuenta secciones de apartamentos, comunidades de recamara, ciudades industriales, zonas comerciales y de negocios, y aun autopistas.

Tamaño de la Comunidad

El primer paso es de determinar el tamaño del área ministerial donde la iglesia tiene que alcanzar dentro de la comunidad. El tamaño del área incluye el área geográfico en cuanto a desarrollo de casas y la gente que vive allí. ¿Por qué tiene alguna importancia el tamaño de la comunidad al asesorarla? La respuesta será aparte a cualquier iglesia si contesta las siguientes preguntas:

1. Primero, ¿está la comunidad creciendo, estable, o decreciendo?
2. Segundo, ¿Por que esta la comunidad creciendo, estable creciendo?
3. Tercero, ¿quién esta causando el crecimiento, estabilidad, o decrecimiento?
4. Cuarto, ¿dónde esta la mayoría del crecimiento o decrecimiento ocurriendo?
5. Quinto, ¿quién o que está siendo afectado por el crecimiento o decrecimiento?

Al determinar la razón por el crecimiento de cualquier comunidad uno encontrará que gente con similares necesidades se juntan.

Por ejemplo, si una área en una comunidad más vieja estátante concentrada de trabajos industriales o de comercio, pero la industria casera está baja, muy cara, o sa turada, los trabajadores en tal área buscarán el lugar más cercano para encontrar casa, aunque tengan que manejar varias horas. Una situación de este tipo ha causado áreas previamente adormecidas de hacerse comunidades de recamara.

El crecimiento de casas sobrepujó el plan maestro de crecimiento comunitario. Entonces, casi de día a noche, una comunidad rural puede cambiar con gente amontonados para comprar casas nuevas. Esto a la vez causa que la comunidad principie a construir escuelas, centros comerciales, hospitales, calles, centros de niños, y todo lo que acompaña una comunidad creciente.

¿Que si una comunidad no está creciendo, sino es estable? La iglesia haciendo el asesoramiento debe averiguar si la comunidad tiene áreas libres para crecimiento. ¿Puede la comunidad aportar planes actuales y futuros para su visión para mañana? ¿Hay lugar para crecimiento? ¿Cuantos años tiene la comunidad? ¿Hay negocios, industrias o gente mudándose de la área? Las respuestas a todas estas preguntas pueden dar evidencia conclusiva de una comunidad estable.

Normalmente, una comunidad decreciente puede ser vista a base del número de gente, negocios e industrias que se están saliendo. Una comunidad que no está atra yendo, sino perdiendo industrias y negocios puede ser catalogada como una comunidad de decrecimiento. La idea de empequeñecer aun se puede usar para describir el número de empleos, comercios e industrias necesaria para mantener los habitantes de esa comunidad sin irse. En el mismo contexto, una comunidad decreciente puede referirse a un grupo homogéneo de gente en una comunidad cuyos números están rápidamente bajando. Aveces el decline es menos notable porque las industrias están abandonando el área muy lentamente. Para el tiempo que la comunidad se da cuenta de ello, es probable que sea muy tarde para hacer algo.

Un ejemplo de esto fue cuando hubo comunidades que crecieron alrededor de ciudades que construyen autos. Cuando la industria automovilista se agotó, también se cerraron industrias asociadas tal como acero, vidrio, plástico, etc. La gente estaba sintiéndolo económicamente pero probablemente esperaban que mejorara la situación.

Toda la investigación y respuestas pueden pintar un cuadro más seguro de la comunidad que está siendo estudiada. Entre mejor sea la calidad de investigación que haga la iglesia, más fácil es la búsqueda de almas. Ninguna cantidad de investigación sale sobrando. Denomina ciones que pueden costear este tipo de investigación para sus iglesias locales encontrarán que habrá suficientes almas para que crezcan las iglesias locales. En realidad, cuando nuevas comunidades se están formando y gente se mueve a ellas, las denominaciones deberían estar vigilando los movimientos de la gente para principiar nuevas iglesias en esas comunidades nuevas.

La segunda área de investigación contestara las preguntas del asesor tocante donde enviar los recursos y mano de obra de la iglesia. Como se dijo anteriormente, la mayoría de las iglesias no tienen los recursos y mana de obra para hacer lo que pueden hacer las iglesias grandes. Por lo tanto, una estrategia bien planeada en el asesoro de una comunidad puede resultar en muchos beneficios. Desafortunadamente, muchas iglesias eligen localizarse en áreas en cuales ya ministran por razones equivocadas. Cuando el cuerpo de creyentes crece, el pastor generalmente con un comité principia a buscar un lugar mejor, más grande para reunirse para adorar. A menudo la razón por encontrar un lugar no es porque han encontrado un área con muchas almas, hambrientas por el evangelio, sino, las razones generalmente y principalmente son basadas sobre dinero. Comités nuevos o más grandes tiene la tendencia de buscar y señalar edificios a base del tipo que buscan y pueden costear, en lugar de señalar un edificio donde se podrán encontrar los visitantes. Hay otras opciones que se podrían considerar, pero generalmente comités de búsqueda quieren un edificio que parece una iglesia, aun cuando tenga cupo de un tercio la capacidad que se requiera para pagar por la compra.

La tercer pregunta de investigación puede contestar una variedad de muy necesaria información acerca quien alcanzar. Puede contestar preguntas sobre el perfil de la iglesia si cierta gente o cierta área es señalada. ¿Necesitara la iglesia cambiar su perfil actual? Si así es, ¿Cuanto cambio habrá? ¿Qué tan pronto y rápido acometerá este cambio ala iglesia? Y la más importante pregunta aguantares cambio?

La pregunta quien puede contestar el dilema de adonde ir así como contestar el de cuantos diferentes tipos de gente viven dentro esta comunidad. También puede ayudar con la respuesta de Qué los atraerá, La razón que gente sin iglesia está yendo o permaneciendo en ese área de la comunidad dará respuesta a lo que la iglesia necesita hacer.

Todas estas respuestas pueden ayudar a la estrategia de la iglesia en diseñar lo que vaya a atraer al visitante de esos lugares. La cultura siendo evangelizada puede servir para explicar a tales cosas al alcanzarlos por comprender el tipo de música cristiana que a ellos probablemente les guste, el estilo de adoración que desean, el idioma que probablemente usen para comunicarse más efectivamente, y el nivel de educación requerido para transmitirles el Evangelio.

La razón por asesorar en esta forma es porque la iglesia necesita comprender el nivel de necesidad y la accesibilidad en que se encuentran los que no tengan iglesia, Además de comprender la situación en que están, los líderes de la iglesia también tienen que aprender las necesidades de la comunidad futura que quisiera tener como miembros la iglesia. Esta información es extremadamente importante si la iglesia desea tener contacto con esta comunidad.

Comprensión de la cultura y sus demandas asistirá más a muchas iglesias en alcanzar más efectivamente los que estén perdidos en ella. Cristo marcadamente expresó esto en Su ministerio cuando dio de comer a las multitudes antes de predicarles. En la boda de Canaan, Cristo demostró la importancia de actividades especiales en la cultura judía. Los viajes de Cristo al templo le permitieron predicar a las masas porque Él supone que estarían allí.

Limites en la Comunidad

Otras áreas de preocupación en la comprensión del perfil de comunidades son límites naturales y del hombre. Límites naturales incluyen ríos, lagos, lomas, y montañas. Muchos de estos límites tienden dividir a la comunidad en varias partes. Estos tipos de limites naturales tienen la tendencia de poner control al crecimiento de comunidades. Ciertos limites atraen particulares elementos necesarios para su uso. Par ejemplo, un rió es usado por fabricas, plantas de manufactura, agencias de transporte campos de agrícola, para la producción de un producto o proveer algún tipo de actividad o servicio.

Lagos, por ejemplo, atraen actividades recreativas. Deportes tal como pesca, botes, esquí acuático, natación, y otras actividades relacionadas con lagos. Límites naturales sí ayudan a la comunidad a desarrollarse temprano.

Opuesto a límites naturales, limites creados por el hombre son creados por planificadores de ciudad para el uso de sus ciudadanos. Límites de hombre pueden ser como parques de ciudad, canales de agua, áreas residenciales zonas comercia les o industriales, autopistas, calles, vías férreas, negocios y centros comerciales, fábricas chicas y grandes, y más. Estos límites del hombre generalmente son hechos para uso de todo ciudadano en la comunidad. Con tiempo pueden causar separación en los variados niveles económicos comunitarios. Partes de la ciudad sin duda requerirá y construirá hogares caros, otras partes construirá casas para la clase media, y aun otras partes de la comunidad será dada para proyectos de ingresos bajos y muy bajos.

Al pasar la comunidad por sus cambios culturales, estos límites del hombre resultan ser marcas territoriales para sub-culturas. Estos límites entonces marcan áreas marginadas para los sub-grupos, distinguiéndose de otras áreas dentro de la misma comunidad. Donde en un tiempo estos linderos eran para cercar partes enteras de la ciudad para la protección del ciudadano, hoy llegan a ser muros de separación, alienación de un sub-grupo de otro a causa de odio o falta de comprensión uno hacia el otro.

Para mejor ilustrar lo esencial que estos linderos son, note el estudio hecho por Western Economic Research Co., Inc. sobre crecimiento hispano durante un período de cinco décadas en cinco condados de Los Ángeles.[5] Se hizo un mapa del área de cinco condados de Los Ángeles.

---

5 Western Economic Research Co.,(Los Angeles, CA.:Westem Economic Research Co,. Inc., se indicó en áreas de crecimiento de una década de habitantes hispanos. Par media de estas transparencias, (tiene que adquirid las trasparencias a Western Economic Research Co., Inc.), se puede ver que tanto han aumentado los hispanos y dónde se han concentrado cada década. Esto revela las prioridades en sus vidas en cada década. Este proyecto nos resultó ser muy efectivo en mostramos dónde los hispanos se concentraron.

Principiando con el censo de 1950, notase la linea negra pesada en el dibujo. La mayor concentración de 5 era en el centro de Los Angeles. Segundo fue en la autopista 605 entre las ciudades de Whittier, Pico Rivera, Montebello, y La Puente. El tercer manchón de tinta negra es en autopista 5 en la ciudad de San Fernando.

La carta de censo de 1960 muestra las nuevas concentraciones. Al norte por la autopista 5, hay una segunda concentración en la ciudad de Pacoima. Está concentración es separada por autopista 118. La concentración en el centro de Los Angeles se ha esparcido cubriendo entre las autopistas 10 y 60 y la 5. La concentración de Los Angeles es debido a la enorme cantidad de trabajo en el distrito de prendas de vestir y de fabricas. El crecimiento también se debe al numero de hispanos que han vivido toda su vida en Los Angeles. Estos residentes antiguos de

Los Angeles patrocinan y ayudan a parientes de otros países a establecerse en California. Durante los 1960, un segundo grupo grande empezó a formarse en el área de Azusa Baldwin Park, abarca las autopistas 210 y 605. Algunas otras concentraciones ocurren en en las ciudades de Southgate/Compton, junto con áreas de Lakewood, y Norwalk.

La carta de censo de 1970 muestra cuando creció la población hispana y conectó las concentraciones y arterias mayores de Los Angeles. Hoy hay un manchón de tinta tan grueso como para cubrir todo el centro de Los Angeles, desde el oeste de la autopista 110, hasta el este del 605, hasta el 5, luego hasta el norte de Norwalk. La concentración de Baldwin Park ha crecido por un 80%. Hay una nueva concentración en la autopista 60 de Pomona que incluye las ciudades de la ciudades de La Puente e Industry. Hay otra concentración incipiente entre Long Beach y San Pedro. Esto probablemente es debido al muelle y empleo del puerto, (ver carta de censo 1970).

La carta de censo de 1980, (vea carta de censo) sigue mostrando que tan rápido ha crecido el habitante hispano en está área. Note que la concentración del centro de Los Angeles está tan grande que se consume a East Los Angeles, Montebello, PicoRivera, La Puente, Industry, todo de Baldwin Park, azuza, El Monte, Downey, South Gate, hasta Vernon. Hay una extracción en el área. de Pomona, El Segundo, Torrance, Gardena, Carson, Santa Mónica, Venice, norte de Burbank, y al sur de todo el área de San Pedro, a Carson, a Long Beach que está saturado.

El censo proyecto de 1990 probablemente es algo engañoso. Por el crecimiento de las previas cuatro décadas, esto sugiere que debería haber por lo menos un tercio más tinta negra. La población demostrado por las filminas empalmadas se dice que Hispanos representan arriba del 50% de los habitantes en áreas indicadas por los manchones negros. Western Economic Research Co. Inc., obtuvo estos resultados de la oficina del Censo de Estados Unidos para décadas de 1950, 1960, 1970, 1980 Y hasta 1985.

La proyección de este repone de la comunidad hispana es alarmante porque América está recibiendo una enorme cantidad de gente hispana documentada e indocumentada, de todas partes de Mexico, y Centro y Sudamérica. Este flujo es causa de choque cultural a las iglesias actuales hispanas y aun a la diversidad de gente entrante. Las iglesias hispanas, no obstante su afiliación de denominación, sufren tremendas oleadas de choques de muchos tipos. Todo desde la comida, a estilo de mú sica, tipo de dialecto, a nivel de necesidad económica ha paralizado a la iglesia hispana normal a punto de retrasarla a un gateo en el área del evangelismo.

Esto quizás es el problema principal en el alcance de visitantes en cualquier comunidad hispana. La diversidad y reto de entrada de multitudes de gente variada con tantas necesidades que atender por la iglesia hispana es tan abrumadora que los pastores y sus miembros de congregación preferirían permanecer dentro de sus fortalezas de cuatro paredes en vez de confrontar el problema.

Debido al hecho de que la iglesia común hispana nunca podría suplir las necesidades de tan diverso grupo de gente, la iglesia hispana más que nada ha dejado de evangelizar. La necesidad de esta gente sin iglesia es tan grande que en algunos casos esta situación se vuelve tan perjudicial que presiona la iglesia hispana económicamente y causa pérdida de membresía al punto de cansancio. La comunidad en que está el hispano probablemente ha pasado por varios cambios y la iglesia probablemente ya no sabe lo que hay fuera de sus cuatro paredes. La iglesia apenas ha principiado a experimentar lo que la comunidad cambiante ha estado experimentando por décadas.

Asesorando Demandas Culturales

Las iglesias que se formaron en los 40 y 50 quizás hoy estén pasando por su primer o segundo cambio en la comunidad. La iglesia hispana de los 40 y 50 nació en una época tradicional, reteniendo a esos miembros fuertemente. Esto es razonable por que la iglesia hispana ha cambiado tan poco. Cuatro décadas de cambio han transcurrido desde los 50's. Todo mundo, la comunidad, casas, mercados, etc., cambió con los tiempos, más no la iglesia en general. La iglesia hispana fue fundada por líderes que comprendieron las necesidades del pueblo de su tiempo. La iglesia hispana necesita aprender cuales son sus opciones hoy en la atracción de nuevos visitantes. El hacer nada seguramente es cerrar sus puertas. Gracias a Dios que ha proveído hombres y mujeres dotados quienes pueden ofrecer sugerencias acerca de maneras de crecer. La iglesia necesita repensar su estrategia acerca el uso de sus recursos limitados.

Comunidades que han sufrido cambios han hecho frente a las transiciones de la década aprendiendo quien y cómo alcanzar. A menudo el cambio trae consigo las respuestas necesitadas. La iglesia no es diferente al mundo secular en el tratar de acoplarse al cambio. Solo lo hace a paso más lento. Cambio a menudo es bueno. Demasiado a una vez, sin embargo, puede ser causa de muchos atrasos. Sin embargo, el tiempo tiene la manera de iluminar las cosas que necesitan cambiarse.

Un buen ejemplo de cambio bueno es el uso de instrumentos musicales hoy utilizados en la adoración. Al principio de esté siglo, la mayoría de las iglesias probablemente usaron el piano, una o dos guitarras, y quizás unas tamboras. Si los creyentes de esos tiempos pudieran ver algunos de los instrumentos usados hoy en la adoración de Dios, algunos podrían considerar a la iglesia como muy mundana. El tiempo ha servido para que la iglesia modernice sus instrumentos musicales y equipo de sonido. Si la juventud de hoy tuviera que adorar usando los instrumentos que sus padres usaron hace cuarenta o cincuenta años, probablemente no tocarían ni aun cantarían en la iglesia.

Esto es lo que pasó a algunas denominaciones principales y sus niños de la época *Baby Boomer*. La guardia antigua o los tradicionalistas de esas denominaciones no desearon cambiar, ni aun retener a sus hijos y nietos. Porque eran tan estrictos en su forma de adoración, resultaron perdiendo las generaciones venideras. Una vez que una generación se pierde, los niños de la próxima gene ración se pierden también. Cada generación tiene que ser permitida orar a su manera. Hay un excelente ejemplo en la Escritura como da en reconocer este dilema.

En Jueces 2:7-10 hay un interesante resumen de lo que ocurrió a tres generaciones de Israelitas.

> *"Y el pueblo sirvió al Señor todos los días de Josué, y todos los días de los ancianos que sobrevivieron a Josué, quienes habían visto todas las grandes obras del Señor, que había hecho para Israel. Y Josué, hijo de Nun, sirviente del Señor, murió siendo de ciento diez años. Y lo sepultaron en su heredad en Tamnat-sera, en el monte de Efraín, al norte del monte de Gaas y toda aquella generación también fue reunida a sus padres. Y se levantó después de ellos otra generación que no conocía a Jehová, ni la obra que Él había hecho por Israel."* 6

Este pasaje explica lo que pasó a tres generaciones de gente. La primer generación vio los milagros y fuerza de Dios en sacarlos de Egipto. Su falta de creencia en Dios de que Él les podía dar lo que necesitaban les causó desviarse por cuarenta años en el desierto. Está generación no creyó ni confió en el Señor y murieron.

La segunda generación era de la edad de Josué. Está generación también tuvo la oportunidad de testificar de los grandes trabajos de Dios y Su salvación para sí mismos y sus hijos. Esta generación fue incapaz de enseñar

---

6 *Jueces 2:7-10, Explicación en Jueces de lo que ocurrió en tres geneciones.*

a sus hijos lo que Dios habrá hecho por ellos llevarlos por la tierra prometida de la gente que la tenia antes de llegar ellos. Gastaron tanto tiempo de sus vidas peleando los habitantes de las tierras de promisión y en construcción de sus hogares, que se les olvido de enseñar a sus hijos de Dios.

El resultado de dos generaciones de falta de creencia y desconfianza en el Señor causó que la tercer generación se perdiere por completo. Las Escrituras describen a la tercer generación, o los nietos del pueblo que salió en el gran éxodo de Egipto, como una generación que no conoció a Dios ni los trabajos que había hecho para Israel. La falta de enseñanza de los hijos y nietos acerca Dios causó la apostaría en Israel desde entonces.

Demandas culturales y valores sí impactan en las generaciones siguientes. Es la responsabilidad directa de una generación transmitir a la próxima los conocimientos de alcanzar a sus propios semejantes. Cada generación tiene la responsabilidad de alcanzar a los suyos. La generación mayor tiene la responsabilidad de aceptar, nutrir, y comunicar su aceptación de ayudar a la generan más joven.

Demanda de Variedad y de Que Escoger

En el mundo de hoy, existen como nunca antes, sociedades diferencias interculturales hispanas que encierran experiencias de sus gustos y disgustos. En un tiempo cuando es culturalmente correcto el hablar su propia idioma la persona, vestirse a su gusto, y vivir según las raíces de la persona, personas de diferentes culturas toman la ventaja de la situación vendiendo en el mercado libre cosa necesaria para mantener tal diversidad.

Como ejemplo de esto es el refresco aquí conocido como Antes de los 50s, la soda se compraba en una heladería. Había básicamente tres tipos de que escoger: cola, uncola, y soda de sabor como naranja o uva. Hoy hay Coke: Clásica, Original, Dieta, sin cafeína, y Coke clara. Lo mismo se puede decir para res como Pepsi, Doctor Pepper, y varias uncolas.

Además de soda, helados también se compraban en la heladería. Hoy hay más de trescientos sabores, sin mencionar yogur, lecho hielo, y helados dejaba de caloría.

¿Y que de agua? En los 50's, a menos que uno fuera rico, solo había agua de la llave con hielo. Hoy hay agua embotellada, agua mineral, agua con limón, agua de sabores de frambueso y durazno. No se deben olvidar aguas importadas, purificadas, o con sabor de verdura o fruta.

Si uno para en el supermercado, todo lo que tiene que hacer es pasar por los pasillos para ver que tanto tratan estas tiendas de persuadir a toda la gente de su comunidad de venir de compras allí. Quien quiera puede comprar en estas tiendas y comprar ingredientes para cocinar comidas asiáticas, mexicanas, comida negra, americana, y comida congelada de T. V., para mencionar unas pocas. En estos mismos supermercados una persona puede encontrar lugares de verduras y frutas, carnicerías, un delicatessen, una pastelería, puesto de pescado, farmacia, ferretería, cosméticos, sucursal de banco, y aun lugares para diseñar tarjetas postales.

Entonces, ¿porque están los supermercados tan preocupados en vender una variedad amplia de bienes a los varios grupos étnicos en estas comunidades? Han concluido que el conocimiento y sensibilidad cultural y de variedades étnicas puede atraer y retener clientes. Es una lección que la iglesia necesita aprender también, si ella desea también permanecer saludable y seguir trayendo al perdido a Cristo. La iglesia tiene que asimilar tal estrategia que es el meterse en los diversos cambios que hoy existen en la mayoría de comunidades.

Pasos de Acción

1. Asesorar el área de ministrar desde la perspectiva de la gente que no sabe nada acerca el evangelio. Asuma que la gente que se alcanzada plano no asisten a la iglesia y no tienen ni idea o conocimiento del Evangelio de Cristo. Esto a la vez causará que la iglesia presente el Evangelio en su forma más sencilla y pura.

2. Estudiar el área para el ministrar desde el punto de vista de no tener ninguna idea preconcebida tocante las vidas de los que intenta alcanzar. De nuevo, asuma lo peor. Trate de preparar a la iglesia con material y entrenamiento tocante el alcanzar a todo tipo de gente en todo idioma. Trace un mapa del área de 12 a 30 millas en diámetro del territorio que se crea ser el área para ministrar. La distancia de arriba depende si es un área ministerial urbana o rural. Indique el área ministerial en un mapa, haga copias, de las a todos los trabajadores. Haga transparencias de ello e indique a la congregación donde tiene que estar lista para posibles sitios para ministrar. Cale el área en un papel grande que se pueda poner en un lugar visible para que todos vean el área ministerial. Indique áreas de muchos habitantes con diferentes colores para señalar donde hay apartamentos, parques, áreas de re

creo, marquesas, lugares para jóvenes, hospitales, centros comerciales, etc. Esto permite que gente evangelista de las iglesias sepan exactamente donde han estado, de documentar su progreso para que otros sepan y continúen el trabajo si algo ocurriese con los labradores en esa área.

3. Asesorar el área de ministrar desde la perspectiva de no tener ninguna idea del tipo de música o estilo de adoración que vaya a necesitar. Al salir la gente a formular un mapa del área, consiga que los miembros o evangelistas escuchen la música que la gente disfruta y los estilos de programas que acostumbran. Esto podría resultar en el conocimiento del tipo de música que esa área gusta escuchar.

4. Asesorar el área de ministrar desde la perspectiva de no tener ninguna idea tocante los líderes que necesitara. Este paso de acción es más difícil que otros. Algunas gentes siguen casi a cualquier persona, otros solo siguen de los suyos. Es lo mismo al testificar y ser invitado. Algunos vienen no obstante quien les llama. Otros solo vienen si los suyos vinieron a invitarles. Consiga que al personal que prepara el mapa ponga atención a este detalle cuando esto ocurre, la iglesia local es agotada de la mayoría de sus recursos. Este es el peligro que muchas asam

bleas de iglesias organizadas sufren al tiempo actual. Hay muchos ejemplos bíblicos para ayudar comprender la desolación que ambos modelos de Troeltch y Moberg pueden alcanzar si algo no se hace. Dos ejemplos se presentan. El primero se encuentra en Jueces 2:7-10:

> *"Y el pueblo había servido a Jehová todo el tiempo de Josué, y todo el tiempo de los ancianos que sobrevivieron a Josué, los cuales habían visto todas las grandes obras de Jehová, que el había hecho por Israel. Pero murió Josué hijo de Nun, siervo de Jehová, siendo de ciento diez años. Y toda aquella generación también fue reunida a sus padres. Y se levantó después de ellos otra generación que no conocía a Jehová, ni la obra que Él habrá hecho por Israel.* 9

El ejemplo de Josué de la destrucción terminó con la cuarta generación no conociendo al Señor de sus padres. Es una situación triste el ver a los nietos y bisnietos en una situación de lento deterioro de adoración de dioses paganos por haber poca enseñanza para pararles en reconocer su necesidad de Dios.

---

9 *Jueces 2:7-10, La historia en Jueces de cuatro generaciones.*

CAPÍTULO SEIS
PERFIL DE GENERACIONES y SUS EFECTOS
Ideología de Generación

Ha sido ventajoso para los que han aprendido lo que quiere decir ideología de generación para la iglesia que busca atraer gente. Ideología de generación es el estudio de la gente que nació en ciertos tiempos. Es la comprensión de que es lo que ciñe a personas de ciertos tiempos. El tiempo y lo que transcurre durante ese tiempo afecta a ideologías, valores, decisiones, eventos, y personas. Las Escrituras identifican el uso de la palabra "generaciones" al hablar de eventos, personas, o creaciones dentro de tiempos específicos.

Las Escrituras mencionan la palabra generaciones cuatro veces. La primer vez es ·cuando habla acerca de la creación:

"Estos son los orígenes de los cielos y de la tierra cuando fueron creados, el día que Jehová Dios hizo la tierra y los cielos, y toda planta del campo antes que fuese en la tierra, y toda hiero a del campo antes que naciese; porque Jehová Dios aún no había hecho llover sobre la tierra, ni había hombre para que labrase la tierra."[1]

---

1 Génesis 2:4-5, Explicación de generaciones en la Creación.

Cuando las Escrituras hablan del tiempo que requirió para crear los cielos, y la tierra, y los elementos en ella, usa la palabra generaciones. generaciones aquí no habla del hombre, sino de las plantas y hierbas del campo. ¿Que tiene que ver la palabra generaciones con las plantas y hierbas del campo? Se cree que la palabra generaciones tiene que ver con el fruto de las plantas y hierbas por media de las semillas de las mismas. Todo el libro de Génesis se ve desde el -punto de vista de generaciones por Mateo en su Evangelio en el primer verso.

Charles John Ellicott en su comentario sobre la Biblia dice, esto al comparar el uso por Mateo de la palabra generaciones en la de la genealogía de Cristo y el primer libro de la Biblia:

> *"Este título, sin embargo, no se refiere a una lista genealógica de los pasados de una persona, sino un registro de su posteridad. Como se aplica a 'los cielos y la tierra,' significa la historia de lo que ocurrió al ser creados."*[2]

Hay otra porción de las Escrituras que debe ser considerada en el libro de Génesis.

---

[2] Charles John Ellicott, <u>Ellicott's Bible Commentary</u> (Grand Rapids,: Zondervan Publishing House, 1971), 7.

Se encuentra en capítulo nueve, verso doce:

"y dijo Dios: Esta es la señal del pacto que yo establezco entre mí y vosotros y todo ser viviente que esta con vosotros, por siglos perpetuos ...." 3

Dios hizo un pacto con Noe, sus descendientes, todo ser viviente, y la tierra de que Él no destruiría la tierra otra vez por agua. Dios también incluyó sus generaciones en perpetuo en este pacto. Se comprende que la palabra generaciones aquí es para gentes, seres vivientes, y plantas.

Dos veces en el Evangelio de Mateo, Jesús usa la palabra generación. La primer vez es en el capítulo doce, verso treinta y cuatro, donde Él declara que "su generación" no pasara basta que todas las cosas de las cuales Él había hablado llegaran a ser. Ambas veces que Cristo usa la palabra generación, la usa en referencia a cierto periodo de tiempo en cual gente vivía. Entonces, parece apropiado a este tiempo considerar las generaciones que hoy están con vida.

Un libro de William Strauss y Neil Howe intitulado Generaciones es grandemente recomendado para leer. Este libro ofrece mucha información en ayudar a comprender lo que atrae visitantes.

---

3 Génesis 9: 12, El pacto de Dios con Noe y toda criatura viviente y sus generaciones.

Generaciones de Hoy

Simplemente dicho, lo más que se sepa del que se quiera alcanzar, más fácil es alcanzarlo. Strauss y Howe describen su trabajo así:

> *"Este libro presenta la "historia del futuro" al narrar un comportamiento de generación dinámico que parece determinar como y cuando participamos como individuos en cambio social o solevantamiento social. Decimos en efecto, que este dinamismo se repite. Esto es suficiente razón para hacer la historia importante: porque si el futuro repite el pasado, entonces también el pasado tiene que anticipar el futuro."* 4

Su concepto es de estudiar el comportamiento generacional de personas famosas de ciertos tiempos. Strauss y Howe han desarrollado un curso de ciclo de vida por el cual pasan gentes en generaciones. Así es como lo declaran:

> *"Repetimos un cuento favorito en forma nueva: el cuento entero de América desde los Puritanos adelante, presentado junto con lo que le llamamos el "diagonal generacional"--el curso de ciclo de vida, niñez hasta vejez, vivido por los grupos de año de nacimiento discreto que llamamos "generaciones." Identificamos dieciocho tales generaciones durante cuatro siglos de historia americana, datando desde los primeros colonos al Nuevo Mundo. Entre estas generaciones, encontramos*

---

4 William Stauss, and Niel Howe., <u>Generacions: The History of the America's Future</u> (New York, N.Y.: William Morrow & Company, Inc., 1991), 8.

> *muestras de personalidades que se repiten-específicamente, cuatro tipos de "personalidades de semejantes" que han (en todas menos un caso) seguido uno al otro en orden determinado. Llamamos a esta muestra repetida el "ciclo generacional." El ciclo está al centro de nuestro cuento y ofrece, creemos, una explicación importante acerca porque la historia de América se muestra tal como la vemos."*[5]

Una de las dieciocho generaciones de que hablan pertenece a cada lector de esta disertación no obstante la edad. En este capítulo, solo el material que tenga que ver en los ciclos de generación que todavía tengan vida hoy se ofrecerán. Por todo, ha habido solo cinco ciclos generacionales y dieciocho generaciones.

Tabla 1. Cinco ciclos de Generaciones principiando en 1584 y terminando hacia el principio del segundo milenio.

EL CICLO GENERACIONAL EN AMÉRICA [6]

Colonial	Revolucionaria	Guerra Civil	Gran Poder	Milenial
1854-1700	1701-1791	1792-1859	1860-1942	1943-202?
Puritanos	Despertamiento	Trascendental	Misionero	Boomers
Cavalier	Libertad	Gilded	Perdidos	Busters
Glorioso	Republicano	Progresivo	G.I.	Boomlet
Iluminamiento	Compromiso	-------------	Silencio	No ha nacido

---

5 *Strauss and Howe, 8.*
6 *Strauss and Howe, 97.*

Generaciones Vivientes en América

El material analizado estará en la última mitad del ciclo generacional acerca poder y en la mayoría del ciclo generacional milenial. Parte del material discutido en esta sección sobre las generaciones será breve, mientras otras generaciones serán estudiadas con más detalle.

Tabla 2.-Cinco generaciones vivientes principiando con los G.I.s y terminando con la generación Boomlet.

Las siguientes son las Generaciones Americanas Vivientes [7]

"G.I."	Mayores	Nacidos 1901-24	Edad 71-94
"Silencio"	Mediavida	Nacidos 1925-42	Edad 58-70
"Boomers"	Adultos	Nacidos 1943-60	Edad 35-52
"Busters"	Jóvenes	Nacidos 1961-81	Edad 14-34
"Boomlets"	Niños	Nacidos 1982-200?	Edad 12-?

Cada ciclo generacional tiene un máximo de cuatro generaciones. Algunas tienen solo tres debido a cambios abruptos. Cada generación tiene un tipo con el cual es identificada. Estos tipos idealista, reactivo, cívico, y adaptivo.

---

[7] ***Strauss and Howe, 97.***

Capítulo tres hizo mención de tres generaciones principiando el tiempo de Moisés. Desde el llamado de Moisés hasta los nietos de Josué duró el ciclo generacional. Este ciclo generacional podrá fácilmente ser llamado 'Éxodo' o 'Llamado hacia Afuera'. De todos modos, los cuatro tipos pueden ser identificados por medio de la Biblia.

El primero fue el idealista que principió con la preparación y llamamiento de Moisés por Dios, de lo cual su hermano y hermana, fueron parte. La próxima generación es la Reactiva quienes reaccionaron por construir el becerro de oro. La tercer generación es la Cívica que dio vida a los generales Josué y Caleb. La última generación es la generación adoptiva de la cual habla el libro de Jueces capítulo dos por no conocer al Señor y todos los trabajos que Él hizo por Israel. Así como en el tiempo de Moisés hubo generaciones Israelíes múltiples siguientes, así lo es hoy. Como se vio en la previa carta, actualmente hoy hay cinco generaciones vivas para evangelizar con el Evangelio de nuestro Señor Jesucristo.

También hay un ciclo generacional en la época de los Reyes. Principia con el Rey Saul, reinando 40 años. Después viene David quien reina por 40 años hasta que su hijo Salomón toma el lugar. El reino de Salomón dura 40 años también cuando el muere. Luego vienen los dos re yes Reoboam y Jeroboam, quienes resultan dividiendo el reinado en dos. Ciclos generacionales tienen la tendencia de moverse como péndulo, de un lado hacia otro, de un extremo al otro. Generaciones siempre han existido y se puedan usar por la iglesia para ayudar a comprender quien vive hoy y como podrán ser alcanzados.

Fig.10. El diagrama abajo es una extensión de modelos anteriores para mantener continuidad de pensamiento y es ilustrado por el autor:

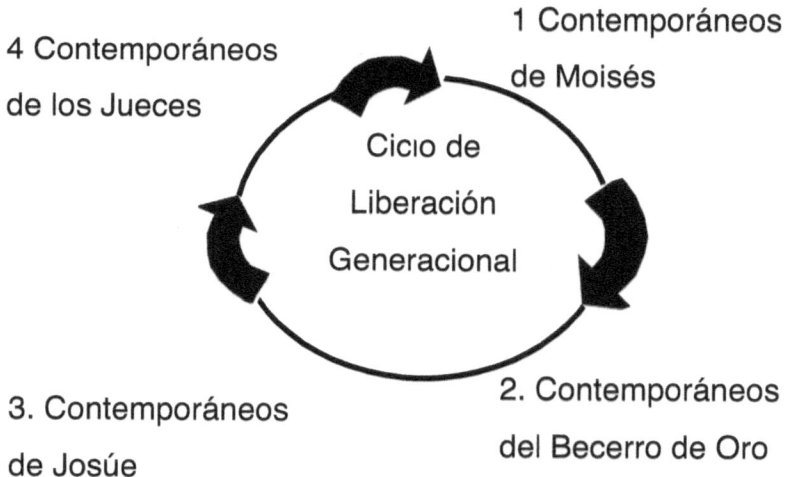

Fig. 11. El diagrama abajo es una extensión de modelos anteriores para mantener continuidad de pensamiento y es ilustrado por el autor:

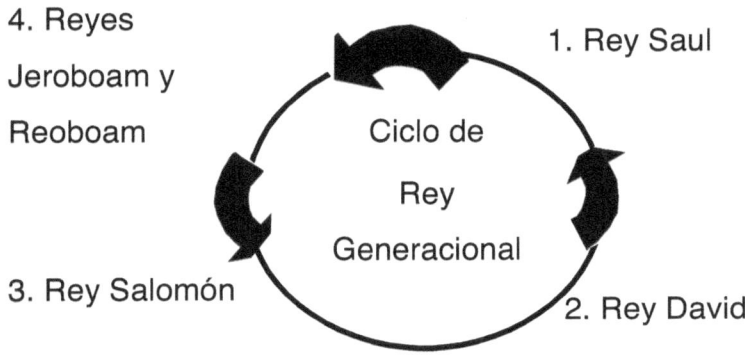

4. Reyes Jeroboam y Reoboam

1. Rey Saul

Ciclo de Rey Generacional

3. Rey Salomón

2. Rey David

Las cinco generaciones vivas hoy son muy distintas en carácter y valores. Presentan a la iglesia una amplia variedad de consideraciones cuando son alcanzadas con el Evangelio. Entre más se conoce de cada generación y sus valores y principios, mejor se puede planificar la estrategia para que cualquier iglesia sea efectiva en alcanzarlos. Hay suficiente material para que toda gente y edades descubran soluciones para atraer y retener visitantes para casi toda iglesia de los Estados Unidos. Algunos dirían que el concepto propuesto es demasiado complicado para la iglesia general de sobrellevar con sus recursos actuales. ¿Que y si la iglesia tuviera una idea firme, más o menos, tocante cuando principiada el periodo de la tribulación? ¿No animaría esto a concentrar todos sus recurso para obtener la más información posible para alcanzar las muchedumbres sin iglesia?

Strauss y Howe predicen por medio de sus estudios que los Estados Unidos de América va a pasar por una crisis seria tan temprano como 2010 y lo más tarde para 2020. Hacia 2010 ya no habrá las generaciones mayores o G. I. " y la más antigua generación "Silencia" tendía 85 años de edad. Esta generación hubiera recogido a la generación que sigue a la generación "Boomers." Poco ha ocurrido para cambiar la mayoría del grupo de estas generaciones, excepto el envejecer. Los recursos que se pueden usar en estudios para comprender y crear un programa seguro en alcanzar estas generaciones sería dinero bien gastado.

Es un dato bien conocido que América es un país que rápidamente está perdiendo su base Cristiana. En realidad es un campo misionero fértil. Lo que surge como una nación en busca de libertad para adorar a Dios en cualquier forma sin temor de represalia del gobierno se ha vuelto una nación enmarañada en materialismo y pecado. El "Tiempo de Gracia" terminará como una nación que no comprende cómo ni quién alcanzar con el Evangelio. A menos que algo se haga, el resultado será de una nación y generación que no tiene Dios como la del segundo capítulo de Jueces. Esta es toda la razón por la escritura de este libro: Que Dios pueda ayudar a pastores e iglesias de encontrar lo que necesiten para poder traer a Cristo las más almas posible.

Descripciones Generacionales
Generación G.I.

La razón por incluir el siguiente material de las descripciones generacionales de las generaciones de hoy es para que la iglesia, y con especialidad la hispana, pueda tener una idea de cómo le puede ayudar esta información. La generación G.I. es una época poderosa de gente nacida entre 1901 - 1924. Durante su tiempo de liderazgo, dejaron unas notables huellas en los establecimientos americanos sociales, económicos, y políticos. El G.I. creció en un tiempo producido por la Primera Guerra Mundial. Esta generación es vista y considerada como fuerte y constructiva. Esta fue una generación racionalista y cívica que tenía todo lo que una generación deseara una familia fuerte y oportunidades para el éxito. El tiempo parecía marchar en un paso más dócil y los cambios más lentos durante esta generación. Ideales y tradiciones que eran transmitidas por sus padres (la Generación Perdida) y abuelos (la Generación Misionera) nunca fueron dudadas en cuanto su aplicación en su tiempo. Por lo tanto, se pensaría que los hijos de la generación G.I., los Boomers, naturalmente aceptarían las normas y tradiciones establecidas por sus padres y abuelos.

Desafortunadamente, los niños Boomer no vieron los cambios que siguieron con la misma perspectiva. El paso de vida rápido ha revelado una cosa: que el cambio es constante en este mundo. Muchos G.I.'s han tenido dificultad en comprender las generaciones más jóvenes, debido al hecho de que estas generaciones más jóvenes no siempre ven al mundo por medio de las mismas experiencias.

Para que la iglesia lance un programa de evangelismo, visitación o atracción de la generación G.I., el liderazgo de cualquier iglesia tiene que considerar el perfil de su iglesia. La iglesia tiene que hacerse preguntas tocante su atractivo en general de la forma que se dirige en relación a la forma que el G.I. disfruta de la iglesia. La iglesia debe estudiar las maneras de adoración que el G.I. pudiera gustar. ¿Que tipo de mensaje sería un reto? ¿De cuáles ministerios participarían? Una forma fácil de verlo es de pensar del tipo de iglesia que los abuelos del Boomer hubiera asistido.

La Generación Silencia

La generación Silencia, nacida entre los años 1925 - 1942, una época de voz afable que creció durante la presidencia de F. D. Roosevelt y ubicada entre las dos Guerras Mundiales. También unos de los tiempos económicos más pesados en los Estados Unidos, la Gran Depresión. Esta generación vio, escuchó, y vivió las virtudes y valores de dos grandes generaciones de hombres y mujeres antes de ellos. Vivieron en tiempos no fáciles e inciertos. Esta es la generación que se adapta a casi todo. Fue Teddy Roosevelt quien primero habló a esta generación como la que vivió durante la época de "Olla de Cocido de América." Entonces la creencia era toda gente que emigraba a los Estado Unidos llegaría a ser un pueblo y una nación. Ambos Teddy Roosevelt y la generación silencía nunca soñaron que este concepto de la 'olla de cocido' jamas sería. Ellos creían que quien viniera a esta nación aprendería a asimilarse en ella. Desafortunadamente, esto no fue así. La generación Silencia nunca se imaginó que hoy le llamaríamos la "En Salada" por su gran variedad de aliños o cambios.

Lo que ocurrió con esta generación durante su tiempo de mar en el trabajo y mundo también les ocurrió en el área de religión. Ellos fueron la generación adaptiva que debería haber podido adaptar su vista del trabajo, eventos mundiales y también la iglesia para sobrellevar los cambios que le venia al entrar el mundo cosas del milenio. Su falla en adaptarse a los necesitados cambios en su alrededor tuvo mayores impactos en sus áreas respectivas.

En el área del trabajo, la falla vino en resistir el cambio de una época industrial a una época científica. Los frutos de esta resistencia fueron evidentes cuando industrias de acero y fabricas as de autos quedaron en bancarrota.

Tabla 3. --Las siguientes generaciones son del Ciclo Generacional del Gran Poder y Milenio:

"G.I."	Civismo	Nacido 1901-24
"Silencio"	Adaptivo	Nacido 1925-42
"Boomers"	Idealistas	Nacido 1946-64
"Busters"	Reactivo	Nacido 1965-85
"Boomlet"	Civismo	Nacido 1986-2001
"Adaptivo"	Milenial	Nacido 2012-2041

En el área religiosa, la generación Silencia fracasó en ser adaptiva y continuar el crecimiento de la iglesia por medio de suplir las necesidades de la próxima generación, los Boomers. En lugar de adaptarse, se fortificaron aun con más fuerza que los valores religiosos y sistemas de adoración y evangelismo de sus padres y abuelos, sin transicionar el trabajo de Dios en la iglesia de métodos/

ideas tradicionales a modos idealista/mileniales. Entonces tenemos un cisma en el ciclo generacional debido ala fuerza y poder que ciertas generaciones traen consigo.

En términos de religión, esta generación callada (Silent), muy adaptiva ha tenido mayor facilidad en adaptarse a varias formas de adoración cuando no hay presión de previas generaciones. Pueden adorar en un estiló litúrgico estructurado, así como en un ambiente metódico, 0 aun en la estructura contemporánea que se encuentra en muchas iglesias de hoy. Son un grupo que trabajo arduamente y son fáciles de complacer. Les gusta vivir con sus familias y ayudar a sus vecinos.

Generación Baby Boomers

La generación los Boomers, que principió hacia 1943 y duró hasta 1964-65, es probablemente la más grande cantidad de gente que ha nacido a una sola. Sus padres quienes fueron de la generación Silencia vieron la época Boomer como una generación dotada en muchos aspectos. Tienen la capacidad de ser los fundadores de gran riqueza para toda la humanidad si desean, pero necesitan madurar de su egocentrismo. Necesitan aprender que todo el mundo no gira alrededor de ellos. Por sus números cuantiosos y el poder de sus mentes e ideales creati vos e innovadores, si fueran canalizados correctamente, pueden ayudar a la humanidad en todo el globo.

El haber crecido en tiempo de pos guerra en un país no demolado por guerra, ha dado a la generación Boomer un impulso hacia un mundo de materialismo egocéntrico, con ganancias en comparación al resto del mundo. Generaciones de hombres y mujeres tal como los G.I.s o Boomers se encuentran en todo el mundo, no solamente en los Estados Unidos. La mayoría de países de este mundo tienen sus propias versiones de grupos generacionales. En la mayoría de países los grupos generacionales pueden tomar más tiempo para desarrollar y crecer debido al paso de los tiempos cambiantes. A causa del paso, las diferencias entre generaciones espalda con espalda son mas fácil de ajustar y aceptar.

Al comparar el paso de cambio en un país al cambio en otros países, se puede ver que los cambios generacionales en grupos en este país maduran más rápido, causando mayores diferencias y aun conflicto entre generaciones de padre a hijo. Esto es lo que ha ocurrido a las generaciones principiando con el tiempo de la Guerra Civil. La generación con el cambio más grande vino con los Boomers. Su niñez fue sencilla, con una vida de deportes y familia. Como generación, no han sufrido do lor, hambre, ni pérdida de padres, hogar o seguridad. A lo contrario, han tenido una vida pacifica y muchas oportunidades educacionales. No como los G.I. (abuelos) o la generación Silencia (padres), ellos no han tenido que luchar con muchos de los problemas que otras generaciones han tenido en comparación a las de ellos. El tamaño de su generación, lo dotado de sus semejantes, y la riqueza de sus tiempos han creado un ambiente tupido del deseo de adquirir toda posesión material que esta vida pueda dar. Todos estos elementos en la época Boomer han producido una generación de adultos egocéntricos con descuido.

Los Boomers creen que en su círculo ellos poseen una visión única que ha puesto en movimiento muchas cosas desde el momento que nacieron. Debido a sus cuantiosos números y disponible riqueza colectible que sus padres han aportado, los mercados comerciales han, desde su infancia, intentado satisfacer sus deseos. Al madurar en los años de adolescencia, descubrieron que dentro de sus números había amplio talento que fácilmente podía influenciar las industrias en áreas de música, deporte, ropa, lenguaje, y aun la industria de películas (Hollywood). Estaciones de radio y televisión empezaron a patrocinar muchos programas para esta generación. Este satisfacer de deseos y mime o han causado que esta generación forme un estilo de vida de avaricia y egoísmo moral. A causa de esto, Boomers gastan más de lo que ganan, y viven hoy del cheque de mañana. Este estilo de vivir continuará hasta que algo ocurra para mostrarle a esta generación el resultado de su dilema moral.

En su mayoría, los Boomers pensaron que sus estilos de vida, su fuerza, y ambiciones de enriquecerse rápido les traería felicidad; pero, en lugar, solo les ha traído problemas monetarios y caos matrimonial/familiar. El precio de lograr metas altas económicas en sus vidas ha producido una generación de niños muy solitarios, divorcios y padres solteros. Lo que principió siendo vida llena de amor, gozo, y prosperidad ha conducido, en su mayoría, hacia la desesperación.

Los padres de los Boomers, en su mayoría, eran Cristianos y los hijos de Cristianos. La mayoría de Boomers pueden recordar las previas dos generaciones por ser devotas a país, Dios, e iglesia. Las diferencias en las personalidades, necesidades, y comportamiento de los Boomers les ha distanciado de la herencia religiosa de sus padres y abuelos. Los Boomers, en la mayoría, no están en contra de Dios ni de la iglesia. Solo es que ellos encuentran el estilo de moralidad de la iglesia un poco sofocante, aburrido, o pomposo, que interfiere con lo que los

Boomers más apetecen su tiempo libre. Agregue a esto la aprobación silenciosa en educación permisiva y la falta del Boomer de limitar su apetito de disfrutar el recreo, y los resultados son una generación que ve a la iglesia y todo lo que representa un poco aburrido, no coincidiendo con sus deseos, y fuera de moda con alguna idea nebulosa de lo que la iglesia debe representar.

Hoy, la iglesia tradicional principal tiene menos parte en las vidas del Boomer. Cuando las iglesias principales perdieron su atracción del hijo del Boomer, no solo perdieron una generación, sino la generación entrante también. El no ser sensitivo y enterado de las necesidades generacionales de crecimiento espiritual es una de las más grandes tragedias que la iglesia de hoy ha permitido. Jamás ha producido una generación tantos super-estrellas, conjuntos, estrellas de cine famosas, e ídolos juveniles. Imagínese lo que se pudo haber logrado si las iglesias principales hubieran anticipado el talento que se pudo haber traído dentro de la iglesia.

El hecho de que la iglesia en general no ha podido alcanzar al Boomer le ha causado fiarse de las viejas generaciones y grupos migratorios para su crecimiento esporádico. Los Boomers que continuaron su crecimiento espiritual con Dios o permanecieron con la iglesia o la dejaron para principiar organizaciones como iglesia. Los que se quedaron en iglesias tradicionales se adaptaron a lo que siguió como paradigma tradicional. Muchos de los Boomers que salieron de iglesias principales, fundaron tales organizaciones como los Navigators, Teen Challenge, Youth for Christ, y otras tales organizaciones paralelas.

El crecimiento de organizaciones paralelas resultó para suplir dos grandes necesidades. La primera fue de alcanzar a la generación de los Boomers cual no se pudo haber hecho por medio de las iglesias tradicionales principales. La segunda necesidad fue de permitir que Cristianos Boomer lograran un llamamiento a ministrar y misiones según ellos creían ser propio para su generación.

Ellos vieron la generación Boomer como inalcanzable por medio de las formas típicas de adoración, o por programas y actividades que las iglesias principales tenían.

Las organizaciones paralelas fueron creadas estrictamente para testificar, evangelizar y aconsejar jóvenes con problemas. Su mensaje era de atraer estas almas perdidas a Cristo. Nunca fueron fundadas u organizadas para mantener y nutrir nuevos convertidos. La necesidad de suplir esa falta vino de iglesias como Eagle's Nest y Calvary Chapels.

Estas nuevas iglesias pudieron crecer a paso sobresaliente a causa del estilo de adoración y el mensaje que trajeron. Iglesias principales e independientes que deseen aprovechar este grande numero de Boomers quizás quieran cambiar su estilo actual de conducir su iglesia.

La generación G.I. dejó tan fuerte influencia sobre el proceso y estilo de arreglos en la adoración y música de la iglesia que sus hijos, la generación Silencia lo creyó un pecado cambiar cualquier cosa. Cuando las iglesias tradicionales no lograron comprender las necesidades espirituales de los Boomers para cambiar algunos detalles de su servicio de adoración para acomodarse a las necesidades espirituales de los Boomers, y ala vez previeron el cambio como algo mayor acerca cómo habían estado ministrando en sus servicios de adoración por años, ellos sintieron que el sacrificio era demasiado para cambiar algo que ellos consideraban sagrado.

Generación del Baby Buster

La generación Buster incluye aquellos niños nacidos entre los años 1964 hasta 1985. Esta es la generación después de los Boomers y típicamente es llamada la generación "Baby Buster." La razón que los Busters han sido llamados así es por la enorme cantidad de nacimientos durante su tiempo generacional. La diferencia en números es acerca la mitad o un tercio dependiendo en quien haya estudiado los demográficos. Al ver la cantidad de Boomers en comparación a la cantidad de Busters como globos, los Busters crearon una fuga de 33%-50% en el globo. Por lo tanto la palabra "bust" para los Busters. El tamaño, recursos, y atención causada por la generación de los Boomers ha sobrepujado lo que haya hecho la generación Buster. Esto ha causado que el demógrafo declare que la generación Buster no ha tenido un efecto como sus antecesores. La Generación Buster es aproximadamente dos tercios del tamaño de la generación Boomer en números y claramente no ha demostrado ser dotada o tan rica como la generación Boomer se ha mostrado.

Los Busters son niños de dos diferentes generaciones. Provienen de los últimos años de crianza de la generación Silencia. También provienen de los padres Boomer tempranos y medianos. pendiendo quien dio vida a esta generación, hay tendencia a una diferencia en la composición de los Busters. Busters cuyos padres son la generación Silencia tienen la tendencia de tener menos problemas en adaptarse al trabajo y problemas de la vida diaria. Aquellos Busters cuyos padres fueron los Boomers tienen más serios problemas en adaptarse a, y resolver problemas y cosas de la vida.

Esta generación ha sido dada varias implicaciones negativas. Han sido llamados los 13ers, Busters, Xers, y Generación X. Han sido comparados con ratas del "mall", pandilleros de drogas, y alumnos colegiales que no pueden localizar a Chicago en el mapa. Han sido catalogados como tontos, codiciosos, sin alma, perezosos, y sin preocupación. Esta es la generación que produjo la frase "latchkey kid." Debe notarse que 'latch-key kids' solo vienen de padres Boomer y no de padres Silent, En su mayoría, esta generación tiene cierta actitud hacia la generación Boomer.

Sienten que los Boomers siempre la han tenido suave, mientras los Buster han tenido que trabajar más arduamente para sobre salir. Los Busters sienten que los Boomers terminaran con acabar con todo dejandoles poco o nada. Aveces la relación entre Boomers y Buster se borra a causa de la diferencia en edad. En otras situaciones, son tan íntimas como entre padre e hijo. Cual sea la relación que el Boomer tenga con el Buster, ya sea como hermano mayor o un padre, es una que a menudo esta en vilo. Estos sentimientos negativos entre dos generaciones será obstáculo para ser vencido al ministrar el Evangelio.

Niños Boomlet o Mileniales

Los niños Boomlet son la generación que serán jóvenes hacia el segundo milenio, aquellos nacidos hacia 1985, y los que continuarán a nacer al principio del segundo milenio. La palabra Boomlet ha sido dada a estos niños porque la mayoría de su generación serán procreados por Boomers tardíos y de edad mediana. La temprana generación de Busters casados también contribuirá a este grupo. Se cree que la generación Boomlet va a sobrepasar la cantidad de Busters, pero no será tan grande como los Boomers. Porque los Boomlets están siendo procreados por ambas generaciones de boomer y Busters, las combinadas generaciones pueden contribuir a un numero mas grande de Boomlets debido al número total de padres. Entonces la cifra combinada de Boomers y de Busters formó elemento mayor en la cantidad de nacimientos en su generación. Este fenómeno no es como los nacimientos de los Boomers. Los padres Boomer estaban teniendo cuatro a seis o más niños por hogar. En la generación Boomlet, cada hogar tenía de uno a tres niños. Por lo tanto el nombre "boom" a causa del tamaño de su generación y "let" por el nuevo milenio.

Porque los niños boomlet vienen de dos fuentes generacionales, van a ser criados por dos diferentes modos de pensar. Esto causará que los Boomlets sean considerados como generación dividida. Parte de los niños nacidos en esta generación serán criados por Boomers que se esperaron hasta estar acomodados. La otra parte de los niños de esta generación serán criados por Busters que ya se sienten como advenedizos al lugar de trabajo.

Hay muy poca información sobre este grupo porque el mayor tenía once años en 1996. Sin embargo, esta generación probablemente va ser interesante. Líderes de iglesias necesitan aprender todo lo que pueden acerca de las generaciones a la cual ellos pertenezcan, porque les servirá comprenderse y a sus semejantes mejor.

Personas que hoy viven probablemente están en la época más ligera hasta hoy conocida. Durante los 1960 basta los 1990, americanos han rodado por sus recursos, gentes, morales y estilos de vida. Ese rodar no cesará; continuará a crecer y descontrolarse. La iglesia o puede taparse los oidos y fingir que el Señor viena pronto para tomar quien permanece en la iglesia al cielo, o puede abrir sus puertas a todo lo que la rodea y empezar a trabajar con ello.

Valores de Generadones Hispanas

Dr. Morris Massey es el autor de un estudio llamado "Values Análisis Profile." Yo he utilizado este análisis extensivamente en el campo para ayudar a pastores y líde res a identificarse con sus valores. He descubierto que los ciclos generacionales están muy ligados a sus valores, los cuales a la vez han dado a estas generaciones su identidad. Las generaciones son motivadas por los valores que ha sido inculcados a fuerza en sus alrededores, y no necesariamente por sus padres. Se cree que el niño identifica temprano en su niñez con la mayoría de sus valores con los cuales él tomará decisiones como adulto.

El valor de mi uso de ese análisis fue en ayuda a pastores y líderes ver donde habían ellos obtenido su sistema de valores. Diferentes edades obtienen su sistema de valores según donde hayan estado al crecer. El siguiente dibujo demostrará lo que se está diciendo.

Fig.12. El diagrama siguiente es una ilustración para mostrar los poderes que afectan nuestro sistema de valores. Ilustración del autor.

PODERES

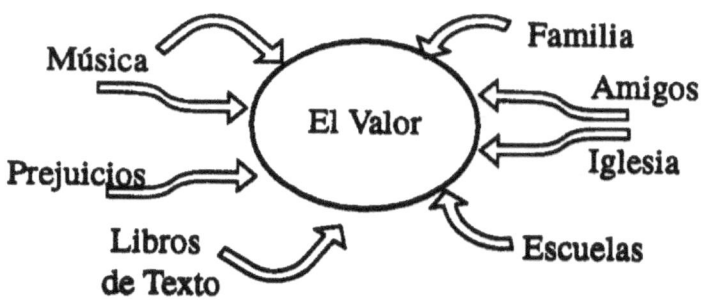

Estos poderes son los elementos principales que producen cada generación los valores necesarios en los cuales ellos crecerán creyendo y confiando. Estos poderes se traspasan de una ración a la otra. El siguiente dibujo expone más este principio.

Fig. 13. El dibujo de abajo es una ilustración para mostrar cuatro sistemas de valores en la forma de personas.

El dibujo de arriba de los cuatro muchachos representa cuatro sistemas de valores. De izquierda a derecha son: los Tradicionalistas, los intermediados, los desafiadores, y los Sintetizadores. El primer sistema de valores llamado Tradicionalistas es un sistema de valores clave de mucho poder e influencia. Ellos tienen mucha influencia sobre sus adherentes porque este grupo estaba apegado de muchos valores de los 1920 hasta los 1940. Algunos factores de influencia fueron las Guerras Mundiales 1 y 2, la Gran Depresión, movilidad, y la familia. La seguridad jugó gran parte en las vidas del tradicionalista.

El próximo sistema de valores es el de los intermediadores. Su sistema de valores fueron plantados durante los fines de los 1940 hasta los 1950. Los intermediadores se sienten estar entre medio de dos sistemas de valores poderosos que jalan ha ellos en direcciones opuestas. Él intermediador se para con las tradiciones de sus padres y abuelos y pierden terminando con sus colegas, o se marginan y se vuelven renegados a la vieja familia por hacerse al de los Desafiadores. Para ellos es una situación imposible y no ganan de un lado o el otro. La mayoría de los intermediadores generalmente se dedican a su trabajo y su vida familiar, y terminan dejando situaciones donde son usados como juguete. Porque casi siempre huyen, terminan con perspectivas conflictivas acerca responsabilidad y expresión individual.

El tercer sistema de valores es el de los Desafiadores que aun rechazan ser usados como los intermediadores. Su sistema de valores fue aprendido de la mitad de los 1950 hasta temprano en los 1970. Estos Desafiadores son la mayoría de los baby boomers o pos Guerra. Pues to que ya hemos hablado de este grupo anteriormente, no se necesita mencionarlos de nuevo.

El cuarto sistema de valores es el de los Sintetizadores, y fueron programados en los 1970 y después. Esta es la generación de "hoy" que ha sido tremendamente influenciada por los valores diversos y aveces conflictivos de las previas tres generaciones. Los sintetizadores salen un grupo de escépticos, preocupados, y conservadores. Reconocen que problemas contemporáneos son complejos y viejas soluciones y métodos no siempre dan resultado. Quizás sus más positivos atributos son su comportamiento al poder adaptar a tiempos de rápido cambio, y de poder aceptar cambio como la norma, y poder usar sus recursos potenciales.

La razón por repasar toda esta información de nuevo es para poder ver la complejidad del reto que la iglesia normal, tiene en atraer y retener visitantes. Aun así, para la iglesia local hispana, los problemas son aun más grandes. Tienen que contender can los valores americanos en cambio constante repentino, y a la vez estar al corriente can las masas de nuevas inmigrantes.

En su mayoría, el trabajador migrante que viene de afuera de los EE.UU. va a ser Tradicionalista. Al entrar a los EE.UU., o va a mezclarse con los demás, o rechazará esta nación con tiempo regresando a su hogar. Esto es lo que Mary Ballesteros-Coronel reporta en capítulo dos. Muchos de los trabajadores migrantes sin documentación no se quedaron y el sistema de valores de este país les forzara regresar de donde vinieron. Estos indocumentados que regresan a sus países generalmente permanecen en los EE. UU. por un mínima de dos años y no más de diez. La mayoría de trabajadores sin documento nunca traen sus familias par temor de que sus hijos les guste aquí y no quieran regresar. Ellos, a la vez, viajan entre los dos países, jactándose del dinero que han logrado. Esto tiene su influencia en los niños, y cuando tienen la edad, ellos también deciden aventurarse en este país.

Reportera Ballesteros-Coronel escribe que dentro de 1982 hasta 1993 más de la mitad de los que vinieron a este país regresaron en menos de dos años, y más del 70% regresaron en menos de diez años. Yo pedí de la Asamblea Apostólica de la Fe en Cristo Jesús, una predominante corporación de iglesias, algunos documentos de sus archivos para ver como este éxodo pudo haber afectado sus iglesias durante este tiempo. Para mi sorpresa, había afectado toda su membresía. El reporte muestra que en 1978-1980 estaban creciendo rápido en su habilidad de atraer y retener nuevos miembros, cuya cifra había aumentado a 60.67%. Para 1982 cuando el Instituto de Asuntos Públicos de California (PPIC) había principiado el estudio de inmigrantes indocumentados por un periodo de diez años, la Asamblea Apostólica ya había empezado a declinar del 60.67% a 16,17%, casi 3/4% del total de atracción y retención de visitantes. Entre 1984 y 1986, bajó por 50% más. Para 1988, bajaron a un bajo de -0.21 % de su habilidad de atraer y retener nuevos miembros. No fue hasta 1990 que principiaron a subir nuevamente. Aunque los porcentajes que fueron tomados de los datos de la Asamblea Apostólica son nacionales, el estudio hecho por PPIC fue solo para California, esto no desacredita este descubrimiento. El reporte PPIC solo mostró lo que está pasando en California. Pero, lo que está pasando en California también esta ocurriendo en todos los Estados Unidos donde hay este tipo de gente que esta entrando para trabajar. La mentalidad del inmigrante de no permanecer aquí no más de dos años es una decisión cultural y étnica. Es decir, esta gente no tiene real interés en inmigración con permanencia. Solo vienen por los salarios y luego regresan a sus hogares.

Reportera Ballesteros-Coronel dio números adicionales en su reporte. Ella dijo en su articulo que durante los años 1980 hasta 1990, un total de 3.2 millones que entra ron a California, un promedio de 326,495 por año, un 29% o 100,000 por año permanecieron durante esos 10 años en los 1980. El resto, unos 226,495, regresaron dentro de un periodo de dos años.

Reportera Ballesteros-Coronel reporta también que 74% do los trabajadores indocumentados que entraron este país son hombres que vinieron solos, 12% vinieron con familia, y 9.5% tuvieron sus hijos aquí. Si esto es cierto, entonces áreas de ministerios hispanos son impactados con tremendos números de gente que viene, que solo permanecerá menos de dos años. Para la iglesia hispana normal con sus recursos limitados, se podría encontrar ministrando a una población hambrienta con residencias inestables. Esto podría ser un factor acerca el porque la iglesia hispana ve un en sus números anualmente. Están continuamente alzando, atrayendo, y bautizando, pero no parecen crecer mucho tras los años. Este tipo de crecimiento es un agotamiento de la iglesia y sus líderes. La iglesia hispana normal tiene la habilidad de alcanzar un grupo mejor y más estable pero van a tener que hacer su tarea mejor tocante dónde y con quién quieren gastar sus recursos.

Generaciones Hispanas

El dibujo en esta página ilustra la carta típica del sistema de valores de Massey, solo modificada levemente con hispanos. Estos dibujos pueden representar cualquier gente inmigrante de cualquier país hispano. Los caracteres en los dibujos han sido cambiados.

Fig. 14. El diagrama en esta página es una extensión de modelos previos para mantener continuidad de pensamiento y es ilustrado por el autor.

El Tradicionalista   El Intermediador

El Desafiador   El Sintetizador

Estos trabajadores no documentados que deciden permanecer en este país rechazaran el sistema de valores actual y se aislarán de ella lo mejor que puedan. Buscaran áreas que ofrezcan trabajo, hospedaje, y comida similar. También actividades, amigos, periódicos, programas de televisión, literatura, escuelas y una iglesia que ellos sientan supla su propio sistema de valores. Al decidir permanecer aquí, sus hijos automáticamente serán influenciados por la cultura actual y su sistema de valores.

Fig. 15. El siguiente dibujo es de la carta de Massey del Tradicionalista, pero con un hispano.

El Tradicionalista

Dependiendo cuando emigraron a este país, podrían encontrar en su tiempo algunos o la mayoría de los sistemas de valores que han estorbado nuestra sociedad con cambios. En el dibujo de la página previa el "Tradicionalista Hispano" que vino a Norte América principalmente en busca de trabajo es quien se presenta. Note la ropa y herramienta sencilla de su país natal utilizados para representar su modo de vida Tradicionalista. Ellos buscaban solo trabajar y ganarse la vida, para poder criar a sus hijos con más que lo que ellos mismos tuvieron al ir creciendo. Su estilo de vida es muy sencillo, desde su comida a su ropa, y aun lo que desean de la vida. Buscan la paz, tranquilidad y libertad para ir y regresar a su tierra natal para visitar sus familias y amigos. Ellos inculcaran su sistema de valores en sus niños, hasta que descubran que al permanecer aquí más tiempo y sus hijos son influenciados por nuevos valores, muy pronto no podrán comprender porque sus hijos se rebelan en contra de los modos antiguos.

Fig. 16. El siguiente dibujo de la carta de Massey es el que se encuentra en el Medio de dos personages Poderosos. El Intermediador, pero en este libro ponemos un hispano.

Él INTERMEDIADOR

La generación del Intermediador hispano es el sistema de valores que nació en México o algún otro país, pero a muy, temprana edad se trasladó a este país. Esta personalidad trae una mezcla de valores y memorias de ambos, el viejo (El Tradicionalista) y este. No tiene verdaderos amigos, solo parientes y gente que ha conocido porque son del país. Si tiene amigos; probablemente son de su trabajo. Sus padres son mayores, entonces probablemente viven con el. Él probablemente es un residente legal y lo que ha hecho es de solicitar ciudadanía legal. No tiene educación formal, excepto lo que ha podido lograr aquí en los Estados Unidos. Trabaja en una de tres áreas de trabajo: agricultura, construcción, o algún tipo de ocupación mecánica. Como adulto no comparte la noción de sus padres de regresar a México o a algún otro país. En verdad, él no va con ellos cuando visitan amigos o familiares. Él siente que no hay nada para él en el viejo país. Probablemente se casó en América, y la mayoría de sus hijos nacieron aquí. Ha luchado con su previo sistema de valores, y con el que se enfrenta cada día, y actualmente está confuso acerca de lo que el cree. No comprende a su esposa y aun menos a sus hijos. Él es quien se siente estar en medio de un lugar a que 'como' que no pertenece. Aveces se siente como que si pudiera dejarlo todo es decir abandonar esta situación, lo haría. Notamos que se puede mirar algunas pequeñas semejanzas entre el estilo de vestir del Tradicionalista y el Intremediador. Este estillo se encuentra intermedio de dos poderosos valores, El Tradicionalista y el Desafiador.

El Tradicionalista le dice haz lo Tradicional

El Desafiador Le dice haz tu propia Cosa

El tercer sistema de valores es el desafiador. Él es el que desea cambiar las cosas, pero la realidad es que no saben cómo o que hacer para lograrlo. Desafiadores les han llamados rechazacionistas. Pero hay una gran diferencia entre el desafiador y el rechazacionista. El desafiador desafía los valores de otra generación, donde el rechazacionista rechaza todo lo que no le ayuda mejorar en el país o lugar donde vive.

Fig. 17. El siguiente dibujo de Massey es el Desafiador o Rechazacionista, solo que este es hispano.

El Desafiador

El sistema de valores del desafiador produce cambio. Aunque aveces el cambio es bueno, el desafiador nunca sabe si actualmente los cambios que el pide son buenos para sí u otros. Todo lo que saben es que algo dentro de ellos les empuja a perseguir al cambio. Este sistema de valores es el agente por el cual las tradiciones son rotas.

Esta es la generación que ha visto y escuchado cuentos horríficos que sus padres, abuelos, y personas han sufrido viniendo a este país. Ven el estilo de vivir de sus padres y abuelos, y quieren más. Es este sistema de valores que la mayoría de gente llama la verdadera segunda generación.

Desafiadores son los más difícil generación alcanzar con el Evangelio, pero no imposible. Estos desafiadores generalmente son los niños más jóvenes nacidos a padres Tradicionales más ancianos. También pueden ser niños mayores nacidos de los de Intermediadores. Sea como sea, son nacidos en los Estados Unidos. Son niños hispanos quienes crecieron correteando por las calles de los barrios sin temor que la migra se los llevare. Esta es la razón que han podido pararse en los campos para organizar y marchar en huelgas y marchas.

El cuarto sistema de valores es sin duda el que mejor se mezcla con los otros tres sistemas. Este es la persona generalmente educada que se retira del barrio para perseguir sus enseños.

Fig. 18. El dibujo en la página siguiente es la carta del Massey Sintetizador, solo que es demostrado con un hispano.

El Sintetizador

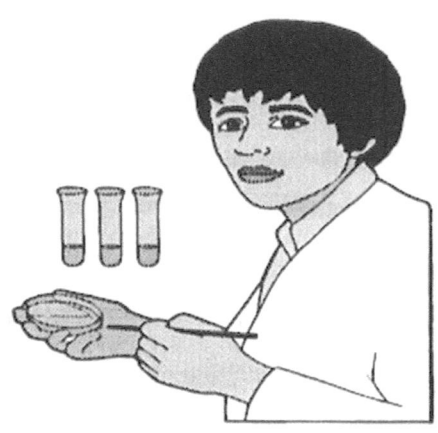

Los Sintetizadores son aquellos que desean integrarse con otros. Su principal temor es la falta de cuadrar con otros. Ven todo desde el punto de vista de idealismo pragmático. Ven todo como creen que debe ser, y no lo es. El Sintetizador es el niño mayor del Intermediador, o el niño menor del desafiador. El niño del Intermediador es el predilecto porque, en su mente, el escapó para hacer algo con su vida al tener a este niño. Si es el niño del desafiador, entonces él también, es orgulloso porque su niño esta siguiendo en sus huellas para conquistar el mundo.

Estos son los hijos que son considerados como la tercer generación. Aunque tienen buena vida, este sistema de valores es el que principia a buscar sus raíces. Ellos o sus hijos son los que principiarán una búsqueda para comprender de donde provienen y quienes eran sus antepasados. Desarrollan mejor selectividad y auto tolerancia tocante quien son y comprenden todo lo que han pasado.

Pasos de Acción

1. El primer paso de acción para tomar es por compreder a quien ha estado ganando la iglesia.

2. El segundo paso para tomar es aprender cuantos de estos grupos hay en su iglesia.

3. El tercer paso es de determinar cual de estos grupos son constantes y cuales entran por una puerta y salen por la otra.

Resumen

Este capítulo es el misterio del porque tantas iglesias hispanas no parecen crecer. No ha sido culpa de los líderes, ni mala administración, o Satanás atacando la iglesia. Son los cambios en la comunidad y lo que han aportado al ambiente que han causado que la iglesia se muestre impotente. Muchos buenos hombres y mujeres se han frustrado al punto de dejar el ministerio simplemente porque no pudieron comprender lo que les estaba ocurriendo.

Notas Del Capitúlo

CAPÍTULO SIETE
Confianza para los Visitantes

En el capítulo cuatro, escribí de varias culturas y subculturas y la necesidad de las iglesias de comprender lo que ha estado ocurriendo en sus comunidades. En el capítulo cinco, yo alegué que América rápidamente se ha vuelto un campo misionero con la necesidad de comprender las varias generaciones que hoy existen en América. En este capítulo, discutiré maneras de atraer y retener visitantes por el uso de algunos modelos que actualmente están en uso por misioneros. Si esta nación ha regresado a un estado de misión, entonces la iglesia debe tratarla como un campo misionero y usar estrategias estilo misionero para evangelizar.

Perfil de una Nación y una Iglesia

Líderes de iglesia en Inglaterra han venido diciendo por un tiempo que la iglesia en América rápidamente se está volviendo una nación pos-cristiana como ellos. Mientras eso pudiera ser cierto hasta cierto punto, también es cierto que los Estados Unidos no tiene los mismos fundamentos para la iglesia ni tampoco tiene los mismos grupos de gente que tiene Inglaterra.

Hay grandes diferencias entre Inglaterra y los Estados Unidos. Diferencias en la estructura del gobierno tienen la tendencia de ayudar a la iglesia o ser un obstáculo. En Inglaterra el gobierno es más bien obstáculo porque no hay separación entre el gobierno y la iglesia. En los Estados Unidos sí existe separación entre gobierno e Iglesia. Inglaterra no ha tenido gran infusión de tantas gentes como los Estados Unidos. Solo en estas dos distinciones, los resultados de cada nación en alguna cosa similar puede tener graves diferencias. Mientras Inglaterra ha retrocedido en una nación fría espiritualmente para evangelizar, los Estados Unidos debido a la infusión de gente en busca de libertad de religión, puede continuar la chispa de avivamiento en recién llegados. Desde su concepción, los Estados Unidos ha sido un estacionamiento para toda clase de gente que huye de su país ya sea por prosecución política o religiosa. Aun hoy este hermoso país sigue abriendo sus brazos a inmigrantes de todo el globo. Esta infusión de gente de toda parte del mundo trae consigo sus costumbres y culturas. Combine esto con las generaciones que han sido causa de tiempos de rápido bullicio, y esta nación se vuelve una que recibe y produce más gente dislocada, más diversos en sus propias maneras cada año. Con razón esta nación es un campo misionero. Culturas locales (las generaciones discutidas en el último capítulo y culturas inmigrantes deben ser vistas como campo mi sionero que la iglesia necesita penetrar.

Las iglesias han por mucho tiempo ido de puerta en puerta en busca de almas y logrando poco a base de sus esfuerzos. Esta estrategia definitivamente necesita ser repensada.

Marvin K. Mayers en su libro **Christianity Confronts Culture**, da una estrategia para evangelismo multicultural. Principia por explicar el desarrollo de confianza entre el misionero y la gente o cultura que quiere alcanzar con el Evangelio. Dice en su libro:

> *"La confianza es relativamente fácil de establecer cuando la cultura o sub-cultura del participante es similar. Es más difícil establecerla cuando son diferente ... El mayor reto en relaciones ocurre cuando las dos partes no acuerdan, y las diferencias en cultura o perspectiva cultural casi garantizan el desacuerdo. La confianza es una herramienta valiosa en contravenir los efectos adversos de desacuerdo."*[1]

La confianza tiene que ser establecida entre la iglesia, sus líderes, la congregación y el campo de la mies que el Espíritu Santo quiere cultivado. El perfil de toda la iglesia tiene que ser uno que representa al visitante que es bienvenido, y que el cuerpo de creyentes se extiende hacia ellos por interés genuino del bienestar de los visitantes.

---

1 Marvin K. Mayers, Christianity Confronts Culture (Grand Rapids, MI.: Zondervan Publishing House, 1987), 6.

Algo menos es presentar el cuerpo de Cristo con poco interés o deseo de que las almas sean salvas por su alma, que por la necesidad de la iglesia.

Mayers sigue para explicar la importancia de confianza:

> *"La pregunta de confianza es expresada como la previa pregunta de confianza, es una herramienta que puede ayudar a uno a pausar un momento antes de actuar o responder. Uno puede ver de nuevo la interacción y permitir que la sensibilidad salga adelante-sensibilidad acerca quien es la otra persona y que es lo que uno siente al momento. La respuesta dada o acción tomada puede ser apoyativa y animadora en vez de negativa y destructiva. La previa pregunta acerca confianza solo pregunta: Lo que yo hago, pienso o digo, ¿causa confianza o la destroza? Lo que estoy haciendo, pensando, o diciendo, ¿tiene el potencial para establecer confianza o el potencial para destrozar la confianza?"*[2]

El establecimiento de relaciones entre visitantes y la iglesia es la más grande estrategia para retener visitantes continuamente. El hecho de establecer relaciones ocurre cuando la iglesia abre sus puertas al público y la comunidad. Entre más haga esto la iglesia, más se sentirán inclinados los visitantes de visitar a la iglesia en un ambiente sin cometido. El objeto de abrir las puertas a la comunidad es de buscar a

---

[2] Mayers, 7.

aquellos que no tengan relaciones con nadie en la iglesia. Es en este momento que los miembros de la iglesia pueden mezclarse con la comunidad en busca de visitantes con quien conversar. La idea detrás de conversar es de encontrar algo de interés común o la oportunidad de ministrar en algún problema que el visitante pudiera tener.

Niveles de Confianza

Hay niveles de confianza al extenderse uno al visitante. Por ejemplo, considere un visitante que apenas ha venido a un servicio Se le pide firmar el registro y dar su domicilio para correspondencia futura. ¿Qué y si el visitante ha tenido problemas con gente que le quiere vender cosas o ha tenido problemas de seguridad? El visitante podría tener poco deseo de dar su domicilio tan pronto. 0, ¿qué tal si un visitante viene a una función social y se encuentra con un miembro de poco tacto que le quiere dar un estudio bíblico allí mismo? La confianza se tiene que ganar siendo sensitivo a lo que ha venido el visitante. Según da el visitante su permiso para proseguir al próximo nivel de confianza, uno debe esperar y orar para saber mejor como ministrar a ese nivel. Toda confianza principia al nivel de la amistad.

Reconocer la Transferencia de Confianza

Al principiar la iglesia su intento de establecer confianza o seguridad con la gente en la comunidad, la gente dentro de esa comunidad aceptará el advenimiento del Evangelio. Esto es lo que ocurrió con la mujer Samaritana en el pozo. Cristo abrió la conversación con la mujer Samaritana sobre el tema de agua natural que condujo a la mujer a la necesidad de agua espiritual. Al establecer una ligadura de confianza con ella a la vez, fue a su comunidad y trajo consigo otros con la misma sed de agua espiritual. Cristo por ende fue invitado a quedarse con ellos un tiempo.

De igual manera, la creación de confianza entre gente de la iglesia y visitantes debe ser tomado despacio. El visitante dará indicaciones tocante cuando esté listo para avanzar a otro nivel. Tales señales pueden ser permiso para venir a una fiesta o función especial de la casa del visitante u otro lugar. Otra seña podría ser la necesidad de un estudio bíblico en el hogar. Podría resultar como una emergencia al hospital, o pedir ayuda cuando alguien esté enfermo o que necesite oración.

Miembros de la iglesia, también, pueden dar señas sutiles como prueba para ver si los visitantes están dispues tos a quitar barreras de falta de confianza. Una forma es de invitar al visitante a un cometido mayor de tiempo o energía. Si el visitante acepta, entonces la relación progresa con rapidez. Si el visitante todavía necesita un poco más de tiempo, entonces sigue vigilando y orando por el visitante.

Estableciendo Lazos con Otras Culturas

El establecer amistad con otra cultura es un método directo que la iglesia puede usar para alcanzarla. Para obtener contacto máximo con cualquier cultura, es absolutamente necesario comprender la identidad de esa sociedad dentro la cultura.

Una misión local en un barrio de un pueblo interior alquiló la secretaria de esa vecindad. La misión local necesitaba alguien que pudiera leer, escribir y traducir Español e inglés. La iglesia llevó volantes al barrio, anunciando una posición secretarial. Diez mujeres del barrio llegaron para la entrevista. La iglesia contrató una de ellas, y esa mujer y sus tres hijos empezaron a venir a la iglesia. En cosa de meses esa mujer había traído a varias familias de su vecindad. La misión luego repitió la misma estrategia y empleó un jardinero para mantener el prado y la iglesia limpia. La misión colocó un volante en la vecindad cerca na. Lo mismo ocurrió. Gentes que conocían al jardinero en su barrio empezaron a asistir a la iglesia.

La misión aprendió una lección importante de establecer ligaduras con las comunidades circunvecinas. Hay muchas formas de establecer ligaduras; estos son mas unos pocos ejemplos. La idea principal es que se tiene que ligar con la idea de establecer confianza, de ambos, el grupo a quien se extiende la iglesia tanto como la iglesia que se extiende hacia la gente.

La Fisonomía de la Congregación

El reto más grande de cualquier iglesia que desea alcanzar a su comunidad o generación va a resultar de adentro. Como se dijo antes, el hombre es el mayor obstáculo cuando se trata de hacer el trabajo de Dios. Sea mexicano, anglo, negro, asiático, no importa. El enemigo no ve colores, solo el pueblo de Dios que él quiere destruir. La fisonomía o perfil de la congregación es lo más difícil de cambiar, si se necesita cambio. El pastor, sus líderes, y la congregación tendrán que tratar con este problema directamente si la iglesia deveras quiere crecer. Entre más dura la iglesia para comprender que su comunidad está cambiando y que no logra visitantes de esa cultura, más difícil será hacer una transición suave después.

Hay dos formas en que la congregación puede resolver cambio. Una es de confrontarlo, la otra es de correrle. La congregación que confronta el cambio siempre se encontrará teniendo que hacer ajustes en la vida diaria. La iglesia que no confronta el cambio permanece pacífica en sus modos y solo piensa de sí misma. La iglesia se da de comer a sí misma y los que son como ella, y no quiere que nadie rete sus modos. Estas son las iglesias que probablemente morirán antes que renazcan. Líderes de iglesia necesitan comprender lo que ocurre alrededor de ellos y los cambios que ocurren en su área de evangelizar.

George Barna en su libro **The Frog in the Kettle** dice esto acerca la condición de la iglesia:

"La comunidad cristiana en América se esperaría que fuera más despierta a cambios actuales en el ambiente que la rana en la olla. Aun así, por las dos últimas décadas, por lo menos, la iglesia ha sido generalmente insensitiva a esos cambios. Hemos continuado operando como si nuestro ambiente ha permanecido igual. Como la rana, sufrimos la muy real posibilidad de morir por no hacer caso al mundo que cambia a nuestros lados."[3]

Si la falta de sensibilidad de miembros de la iglesia y líderes, no corren al que no tiene iglesia, las prácticas y metodologías de la iglesia lo lograrán. Aunque este libro

---

[3] George Barna, *The Frog in the Kettle* (Ventura, CA.: Regal Books, 1990), 21-22.

se dirige a las iglesias hispanas, la mayoría de las iglesias sufren similares problemas. Iglesias, como naciones, pueden llegar a ser totalmente insensitivas al trabajo de Dios.

Luís Palao, un evangelista en países sur americanos, habló en la Universidad de Biola donde dijo que él entrevistó la nación de Alemania y gente como una viejita alemana, parada como una bruja vieja, con un niña tomada de la mano. Él dijo que la mujer vieja representaba lo que la iglesia había sido antes del humanismo, y la bruja vieja representa lo que es hoy. La niña representaba las generaciones jóvenes. El tomarse de las manos representaba su relación. En verdad, naciones y países que han dado mucho, tal como Alemania, Inglaterra, España y otras, han tenido amplio tiempo para reenforzar su Cristiandad. Sin embargo, no lo hacen, y ahora se encuentran atrapados, y por necesidad, crean nuevas iglesias equipando nuevos misioneros para salvar a las masas de gente en sus propios países.

Ventanas de oportunidad no permanecen abiertas para siempre con tiempo se cierran. Ocurrió con Israel, una vez usado fuertemente de Dios, y le puede ocurrir a los Estados Unidos de América. La pregunta hecha muchas veces por líderes de iglesia, la prensa, y otros: "Nosotros como americanos, ¿estamos perdiendo el control sobre la Cris tianización de nuestro país? Si la respuesta es sí, ¿cómo se puede cambiar esto?

Materialismo gradual ha enseñado a la iglesia a construir templos más grandes, mejores, bonitos. Ha conducido a la iglesia a trabajar arduamente en recaudar fondos para pagar por los santuarios de ladrillo y madera, pero no le ha enseñado nada acerca de los perdidos templos humanos. George Barna en su libro **The Frog in the Kettle** explica como el gradualismo puede destruir cualquier institución:

> *"Las señales que necesitamos percibir no son predicciones oscuras acerca el futuro. El problema es que ocurren tan despacio que a menudo no las notamos. Es como el cuento conocido de la rana y la olla de agua. Ponga una rana en agua hirviente y brincará inmediatamente porque sabe que está en ambiente hostil. Pero ponga una rana en una olla con agua a temperatura de ambiente y permanece allí, contenta con sus alrededores. Muy lentamente aumente la temperatura del agua. Esta vez, la rana no salta del agua, sino se queda allí, sin saber que el ambiente está cambiando. Siga subiéndole a la lumbre fiesta que el agua hierve. Nuestra pobre rana va estar hervida también, muy contenta, quizás, pero muy muerta."* [4]

Los padres de los Boomers, la generación Silencia, les mostró por ejemplo el ir a la iglesia, ser fiel, y construir santuarios materiales, y a la vez construir sus casas y a la

---

4 *Barna*, 21.

vez construir sus casas y familias. La generación Boomer dejó la iglesia y se fue directamente al mundo materialista para enriquecerse rápidamente para comprar todo lo que el mundo tiene que ofrecer. Ambas generaciones hicieron poco para la expansión del trabajo de Dios y la salvación de las almas. Esta es la razón que la generación Busters está en su condición presente. Sus valores cristianos por poco se agotan junto con aquellos que América ha granjeado más la familia.

De nuevo, Barna lo pone en perspectiva:

"Consecuentemente, América en los 1990 se pudre de adentro hacia afuera. Estamos sufriendo de continuos, casi imperceptibles cambios en perspectiva y comportamiento. Al madurar nuestros habitantes en sofisticación tecnológica y comodidad material, perdemos nuestra iniciativa espiritual. Hemos abarcado los medios en vez de los fines. Servicio a Dios ha sido reemplazado por la sed de exaltación del individuo." 5

Esta cita describe la mayoría de la generación Boomer, pero también describe el espíritu de los tiempos. Véase los problemas que la gente sufre hoy. Hay mucho de que estar preocupado concerniente las generaciones venideras. Nada que la generación Boomer u otra generación pueda hacer o ayudarles a sobrellevar los males de sus vidas como lo puede hacer la palabra de Dios.

---

5 *Barna*, 23.

La Biblia es el único constante. La verdad está siempre presente en este Libro y tiene respuestas para cualquier problema que alguien pudiera tener. Dios es inmutable. Solo es la gente y culturas quienes cambian. Los problemas que nuestra sociedad tiene probablemente sí requerirán respuestas distintas a las del pasado, pero en un Libro que se dirige a esas necesidades de hoy es la Palabra de Dios. La verdad no cambia, más la forma que se aplique sí puede. Nuevas soluciones tienen que ser consideradas, pero tienen que ser sometidas a la verdad de Dios. De nuevo, Barna lo pone en perspectiva al escribir:

> *"¡Qué tremenda oportunidad tiene la comunidad Cristiana de influenciar nuestras vidas durante este tiempo! Al luchar el americano de comprender su nuevo ambiente, el cuerpo de Cristo tiene la oportunidad de ofrecer prácticas y reales soluciones bíblicas a nuestra nación. Pero, los métodos viejos y estrategias tradicionales para compartir nuestra fe no darán resultado en los 90's. Tenemos que ser listos para analizar nuestro ambiente y proveer respuestas creativas para los retos que tenemos delante. No nos equivoquemos: la presión sobre la comunidad cristiana crece. Típicamente, hemos estado unos cinco a diez años retrasados de la sociedad, respondiendo a situaciones cambiantes mucho después que las transiciones principian. Y se nos ha acabado el tiempo. Si queremos que la fe Cristiana permanezca una alternativa vibrante para el sistema mundial, tenemos que dejar de reaccionar y empezar a anticipar."*[6]

---

6 *Barna, 7.*

La Iglesia y Tecnología

La iglesia seguramente tiene las respuestas que el mundo necesita porque la Palabra de Dios todavía puede ser efectiva en las vidas humanas. La iglesia tiene que estar alineada con la verdad y estar viviendo por su criterio. La iglesia hoy tiene la tecnología en sus manos para ayudarla. Hombres y mujeres cristianos trabajan en compañías que usan tecnología y sistemas de información como nunca jamás en la historia de la iglesia. Todo lo que la iglesia necesita aprender son nuevas formas de compartirlo con los que no tienen iglesia. Es importante en el mundo de hoy estar al corriente en el uso de sistemas de información, porque la herramienta usada por la iglesia de anteayer no convencerán al que no tiene iglesia que la cristiandad todavía es aplicable a las necesidades de gente del siglo 21.

Si la iglesia no puede atraer al perdido, ellos seguirán buscando hasta que son atrapados por los cultos americanos. Puesto que muchos que no tienen iglesia ven a la iglesia como inconsecuente, encontrarán otras religiones tal como Mormón, Islam, Budismo, y varios Cultos de Nueva Edad, como más atractivos.

El Camino y Movimiento de la Gente

El mercado comercial por años ha seguido los caminos de la gente y el movimiento del dinero que surge de estos caminos. Es decir, el comercio tiene estudios mostrando a donde va la gente y que compra. El mercado entonces toma la información, establece tiendas donde la gente se congrega, y venden lo que la gente más necesita.

K-Mart no va construir una nueva tienda en un sitio del cual no tengan conocimiento. El riesgo financiero es muy grande. Prefieren gastar dinero en estudios que les dirá que tipo de gente vive en cual comunidad, si su mercado suplirá sus necesidades, y si la gente en esa comunidad pagaría por ello.

La iglesia tiene que usar técnica similar para asesorar varias comunidades para atraer al perdido. ¿Debería la iglesia usar programas locales tal como Escuela Dominical, programas de niños, escuelas cristianas, guarderías de niños, servicios de adoración formales o informales, u otros programas comunitarios? ¿En otras palabras, vendrá Mahoma (visitantes) a la montaña (la iglesia), o vendrá la montaña a Mahoma?

Muchas iglesias se frustran porque gastan mucho de su tiempo, recursos y dinero en programas locales para cautivar a la gente que la congregación ha invitado, pero la cantidad de personas que pueden traer son pocas. Es obvio que muchas congregaciones tienen un pequeño grupo de amigos sin iglesia. La realidad es que la iglesia a menudo gasta mucho y recibe muy poco.

Al comprender los caminos y movimiento de la gente, la iglesia podrá saber donde la gente caminará y en cuanta cantidad. 'Esta es información valuable a cualquier grupo de gente intentando atracción y retención de visitantes.

El Espíritu Santo es el agente en la tierra para guiar a la iglesia en busca del perdido. En Hechos 1:8, Lucas nos da uno de los últimos mandamientos de Jesús al escribir:

> *"pero recibiréis poder, cuando haya venido sobre vosotros el Espíritu Santo, y me seréis testigos en Jerusalén, en toda Judea, en Samaria, y hasta lo último de la tierra."*[7]

El Dr. Lucas continúa a decir que es el Espíritu Santo quien añade diario a la iglesia en capítulo 2:46-47:

> *"y perseverando unánimes cada día en el templo, y partiendo el pan en las casas, comían juntos con alegría y sencillez de corazón, alabando a Dios, y teniendo favor con todo el pueblo. y el Señor añadía cada día a la iglesia los que habían de ser salvos."*[8]

---

[7] *Hechos 1:8, Jesús manda a sus discípulos ir a Jerusalén, Samaria, y por toda la tierra.*
[8] *Hechos 2:46,47, La conversión de Lucas y lo que transpiró en esos días.*

Es el Espíritu Santo quien guía a la iglesia o los creyentes en busca de lo que se ha perdido en la comunidad. El Espíritu Santo reside en el creyente. A causa de esto, el Evangelio se vuelve en herramienta de amor en el creyente. Donde quiera que esté el creyente, allí también estará el Espíritu Santo. Él trata de tener gente que él ha salvado en áreas que necesitan labradores para llevar Su Palabra viva.

Este concepto es muy cierto porque el Espíritu de Cristo ya está trabajando llamando y alcanzando a la gente. El Evangelio de San Lucas tiene una idea similar en el capítulo 10, Cristo está enviando los setenta discípulos a las aldeas y ciudades. Cuando entran en un hogar se les ordena sanar a los enfermos y proclamar que el reino de Dios les ha llegado. Él escribe:

"Después de estas cosas, designó el Señor también a otros setenta, a quienes envió de dos en dos delante de él a toda ciudad y lugar adonde él había de ir. Y les decía: La mies a la verdad es mucha, mas los obreros pocos; por tanto rogad al Señor de la mies que envíe obreros a su mies. En cualquier casa donde entréis, primeramente decid: Paz sea a esta casa. Y si hubiere allí algún hijo de paz, vuestra paz reposará sobre él; y si no, se volverá a vosotros. Y sanad a los enfermos que en ella haya, y decidles: Se ha acercado a vosotros el remo de Dios."[9]

---

[9] *Lucas 10: 1-9, La descripción de Lucas acerca lo que los setenta deben hacer.*

Mateo también nos da una vista de lo que Cristo mandó a Sus discípulos en el monte al escribir:

*"Pero los once discípulos se fueron a Galilea, al monte donde Jesús les había ordenado. y cuando le vieron, le adoraron; pero algunos dudaban. y Jesús se acercó y les habló diciendo: Toda potestad me es dada en el cielo y en la tierra. Por tanto id, y haced discípulos a todas las naciones, bautizándolos en el nombre del Padre, y del Hijo, y del Espíritu Santo."*10

Si la iglesia está teniendo dificultad en atraer visitantes a su edificio, entonces lleve a la iglesia a donde el Espíritu Santo esté ministrando. Aquí parece estar donde el problema prevalece. La iglesia nunca fue dicha que esperara para que las almas despertaran de su sueño y vinieran al edificio. Miembros de la iglesia deben ir a donde el Espíritu Santo esté ministrando y unirse a la cosecha.

Creyentes deben establecer lugares de adoración ya sea en carpas y debajo árboles, y allí predicar el Evangelio. Esto puede sonar algo extraño a algunos, pero esto parece ser implicado en la lectura de las Escrituras. La iglesia, que es el cuerpo de Cristo, no está comprendiendo los mandatos y procesos necesarios para traer el Evangelio al perdido, sin traer el perdido a la iglesia. El encontrar al perdido y tocarle y moverle el corazón es el trabajo del Espíritu Santo.

---

10 Mateo 28: 16-19, La versión de Mateo tocante el mandato de Jesús de testificar.

El trabajo de la iglesia es de llevar las buenas nuevas de Jesús como niños renacidos que han sido redimidos por el poder de la sangre de Cristo y compartir con los perdidos los milagros que han ocurrido. Los testimonios darán la prueba de lo que se proclama es la verdad. Lucas, en Hechos confirma esto:

> *"Entonces Felipe descendiendo a la ciudad de Samaria, les predicaba a Cristo. y la gente, unánime, escuchaba atentamente las cosas que decía Felipe, oyendo y viendo las señales que hacía ... así que había gran gozo en aquella ciudad. Pero cuando creyeron a Felipe, que anunciaba el evangelio del reino de Dios el nombre de Jesucristo, se bautizaban hombres y mujeres."* 11

Es por esto que las reuniones encarpas y cruzadas de sanidad atraen a tanta gente. El evangelista busca la guianza del Espíritu de Dios para saber donde llevar su carpa y tener un avivamiento para alcanzar la gente que necesita a Cristo.

El pueblo de Dios a menudo se queda en los edificios, tocando las tamboras de Cristo y Su salvación a comunidades que están sordas a las tamboras.

El pueblo de Dios tiene que encontrar los caminos de la gente necesitada y allí buscar formas de presentar el Evangelio efectivamente. Esta es la frente de batalla. A

---

*11 **Hechos 8:5·11**, Exhortación de Cristo a Sus discípulos de amarse uno al otro.*

este punto de este estudio, lo que se puede presentar son los principios de como llegar al sitio de batalla. Los detalles de guerra son demasiado numerosos y diferentes en cada batalla.

¿Cuáles son algunos de los caminos para considerar? Dependiendo en la generación, cultura, o sub-cultura en el área de trabajo de la iglesia, la iglesia debe pensar acerca centros comerciales, vecindades, parques locales, y facilidades deportivas y recreativas. Otros sitios populares tal como lavanderías, supermercados, hospitales generales o convalecientes, aun funerarias, pueden prestar oportunidades de compartir el Evangelio. Casi cualquier lugar donde transite la gente puede considerarse como sitio para el evangelismo.

El reto del liderazgo de la iglesia va estar en educar a sus miembros en encontrar modos creativos de presentar el Evangelio sin causar resistencia, rechazo o problemas en el sector público. El siguiente escenario es un ejemplo que se ha calado y hallado muy útil y exitoso. El equipo de baloncesto de la iglesia pide a sus amigos o invita a gente en las canchas públicas a jugar con ellos. Lo único que se debe buscar en tal actividad es amistad mutua y el deseo de jugar los más juegos posibles.

Los G.I., Silencios, y Boomers se deleitan con un buen reto. Platiquen con ellos acerca cosas como orgullo, gozo, deleite, para un buen ejercicio del espíritu. La conversación del equipo Cristiano debe ser una estrategia sencilla de obtener toda información del amigo que sea posible. Si el equipo de la iglesia gana, llévenlos a comer.

Siga trabajando a base del concepto unido desde el punto de vista de la iglesia y punto de vista del que no tiene iglesia. Asegure las relaciones entre los dos lados. De vez en cuando cambien de compañeros para romper la idea de "lados." Siga trabajando sobre la conversación y el espíritu del juego. Procure niveles de confianza y ligaduras de relaciones.

Si hay una cancha cercas de la iglesia, jueguen unos partidos allí. Si la iglesia tiene cancha, tengan un juego cuando la iglesia tenga una actividad por fuera, y que ellos se queden para ello. Recuerde, el objeto no es de que ellos se arrepientan y se bautizan inmediatamente, sino de crear una amistad. La actividad de baloncesto no debe continuar para siempre; su meta final siempre debe ser de alcanzarlos con el Evangelio.

Resumen

Hay por lo menos dos fases de atracción en el proceso de interesar visitantes en una iglesia. La fase inicial de atracción principia y termina en el campo con el evangelista. Una nueva fase de atracción principia en la vida de santuario con la multitud de miembros. La primera fase de atracción requiere toda la gente posible. La segunda fase de atracción principia con un ujier y sigue hasta que el visitante ha tenido contacto con la mayoría de los miembros de la iglesia.

La fase de retención principia tarde en la fase inicial de atracción y sigue hasta la fase de vida en el santuario. En la fase de retención, individuos pueden inicialmente ser ayudantes del evangelista en el campo, para que el visitante pueda ir cobrando confianza con ellos también. Deben obrar como ayudantes a miembros del equipo para no disrumpir la relación del evangelista con el visitante. Cuando el visitante está listo para venir a la iglesia, los individuos de fase inicial de retención serán parte del comité de miembros que ayudarán al visitante transicionar en la congregación. Porque los individuos de la fase de retención ya han establecido una confianza con el visitante, es más dispuesto a no sentirse solo, inseguro, o asustado por todo lo que ocurra alrededor de él. El visitante será guiado y aconsejado acerca todo lo que le esté ocurriendo por el comité de miembros. Mientras tanto, los evangelistas deben permanecer en el campo siguiendo la búsqueda de más almas.

Lo que se gana en el campo se puede perder en el santuario, si no hay precauciones para proteger la transición del recién llegado. Los principios que los soldados de las trincheras tengan también tiene que ser parte de la filosofía total de la iglesia, y ejemplificado por cada miembro. Si esto no se logra, los visitantes no identificarán con la iglesia y su perfil Los visitantes se encontrarán confusos y perdidos. La fase de retención cesará en este momento, y los visitantes no vendrán de nuevo. Quizás tengan contacto con el evangelista y le expliquen la razón por cual no desean regresar a la iglesia, o sencillamente desaparecerán. Visitantes que regresan por segunda vez a la iglesia probablemente notaron una gran diferencia entre el evangelista y los miembros de la iglesia, asustándoles a nunca regresar.

Esta situación es en la que muchas iglesias pierden visitantes logrados por el arduo trabajo de miembros en el campo. El personal de campo han trabajado para adaptar las necesidades del visitante, y han hasta donde pueden, presentado una imagen que ganará la confianza del visitante de visitar por lo menos una vez. Cuando el visitante es llevado al santuario, puede sufrir choque cultural. Sus expectaciones tocante la iglesia se basaron en el perfil del evangelista y no en el actual encuentro con la iglesia. El visitante entonces se siente desanimado tocante lo que esperaba o deseaba o necesitaba.

Notas Del Capitúlo

CAPÍTULO OCHO
Conclusión del Libro

He estado trabajando con un pastor por nombre Jim Mena, quien es primo de mi esposa, y actualmente es pastor de la iglesia en Redlands, California. Él me decía que ha descubierto un hoyo de pescar que él pensó le serviría mucho. Le respondí diciéndole, -Jim, ¿desde cuando acá tu has empezado a pescar?

Contestó que el hoyo de pescar se llamaba en español, El ministerio de la lavandería. Siguió a decirme que cerca de su iglesia había una lavandería que mucha gente usaba. Al lavar su ropa, no tenían nada que hacer mientras esperaban su ropa. Él iba a lograr que alguna de su gente se estacionara cerca de la lavandería para compartir su fe y testimonios con los "lavanderos."

Conectando al Perdido con la Congregación

El conectar al que no tiene iglesia con la iglesia o congregación es un paso necesario en la mente de cualquier evangelista. Ya que se establece el hoyo, algún número de la congregación tiene que ir al agua. Entre más gente de la iglesia conoce a gente en el hoyo, más contactos habrá establecidos para el futuro.

Considere de nuevo el escenario de la lavandería. ¿Cómo se puede asociar este pozo de agua con la congregación del pastor Jim Mena? Una segura forma es de exponer a los más miembros posible de la iglesia de Redlands a este pozo de agua para ir a conocer los que allí frecuentan. Los miembros aun podrían ir a lavar su ropa allí.

Otra forma sería de pedir permiso de los dueños de la lavandería de poner algún anuncio en la pared de la lavandería. Este anuncio podría servir para señalarle a la gente vecina la existencia de la iglesia en Redlands. Una forma es de poner un depósito a la base del tablero de anuncios y poner tratados y cualquier información que la iglesia quiera compartir con la gente que vaya allí. Otra forma es de anunciar actividades especiales que se van a celebrar en el santuario, en un parque u hogar de alguien. Otra forma es de compartir información tocante oradores futuros especiales, u ofrecer clases de ESL (Inglés como idioma secundario). Una nota se podría poner que ofreciera que alguien de la iglesia viniera a la iglesia a preparar las formas de impuestos federales y estatales.

Otra nota que la iglesia podría adherir al tablero son las direcciones de como dar a la iglesia, junto con una foto del pastor y su familia. Una foto del santuario con algunos miembros de la misma vecindad es otra opción.

La iglesia debe estar enterada tocante si lo que la iglesia ofrece es lo que la gente apetece o necesita. Si a la gente le gusta la literatura y la iglesia logra que vengan, entonces es obvio que el material sí está sirviendo. Otro elemento que pudiera dar resultado sería una nota en los anuncios de una función local en la iglesia con un premio para la persona que traiga la nota. Hay que recordar que la literatura tiene que estar en el idioma de la persona.

Lo que Ministerios de Pozo Tienen en Común

1. La gente tiene que venir tarde o temprano.

2. Cuando por fin vengan, la mayoría de su tiempo es libre. El trabajo actual toma unos pocos minutos.

3. No traen algo en qué ocuparse puesto que no van a estar allí por mucho tiempo.

4. Los escenarios de ministerios de pozo generalmente son solitarios y aislados.

Reuniones Bíblicas de Pozo

1. Cristo en el pozo con la mujer Samaritana.

2. El sirviente de Abraham en busca de la mujer de Isaac.

3. El pozo de cual bebió Moisés después de salir de Egipto y haber cruzado el desierto.

Hay otros ejemplos bíblicos de pozos, pero la cosa es de aprender como encontrar estos lugares para ministrar evangelísticamente. Hay muchos pozos que se pueden trabajar al evangelizar, y esta es una razón para hacer un asesoramiento de la comunidad que la iglesia desee designar para trabajar. Entre más se sepa de un lugar, más se puede hacer para usos evangelísticos. Use toda la información que se ha dado en este libro para servirse en mejor comprender la gente que usted haya seleccionado. Recuerde que las generaciones sí cuentan y hacen la diferencia.

El Principio del Proyecto

Ya hace veinticuatro años de tener el deseo de principiar a escribir este proyecto. No principió desde el princi pio como un libro. El deseo principió más bien como una necesidad de como alcanzar a hispanos con la Palabra de Dios. Luego creció con muchas preguntas sin respuesta verdadera. Prosiguió de preguntas a frustraciones, a oraciones, y regresó a preguntas, siempre quedando con sentimientos de insuficiencia. Después de ir a Dios en oración para respuestas, Él ha dirigido este trabajo. A Él sea toda la honra y gloria por lo que Él ha enseñado a este escritor por medio de tantos hombres y mujeres. Cuando hubo una luz verde para la búsqueda de un tema para esta disertación, el trabajo empezó a resultar en el material correcto para contemplar la escritura de este libro. Nadie fuera de la esposa del escritor y Dios supo la carga por aprender y procesar lo que la iglesia de Dios necesita. En cierta forma, los estudios de quince años en la escuela han sido fácil, siendo que el Espíritu Santo ha sido el que ha dado esta conclusión. Por otro lado, cuando una persona ha sido empujada, el reto de encontrar respuestas a preguntas que pocos aun han empezado a contemplar, entonces es una situación muy difícil.

Investigación y Desarrollo

El estudio para esta disertación ha tomado más tiempo de lo que al principio se pensó. El tiempo de estudio en el campo duró seis años. Esos años fueron de acumulación de archivos, datos, cartas, e información pertinente. Cuestionarios fueron preparados lo mejor posible para determinar datos que de otra forma no hubieran sido disponibles. El personal que ayudó al escritor tuvo el privilegio de haber trabajado con muchos pastores en el campo y de adquirir información que probablemente nunca había sido recopilada antes. Por todo, el estudio utilizó directamente e indirectamente unas 300 iglesias, misiones, o trabajos en el campo los cuales resultaron en tiempo bien empleado para recopilar información y de tratar varias cosas nuevas con pastores. Muchos métodos asistieron a las iglesias a crecer a causa de estos estudios y programas. El desarrollo del material en esta disertación fue diseñado en el campo.

Evaluaciones y Conclusiones

Como se dijo previamente, un gran esfuerzo se ha elaborado para tratar de educar al pastor hispano común y corriente en áreas que han causado falta de atracción y retención de visitantes. El manuscrito está en gran necesidad de más ejemplos en todos los capítulos tocante como coordinar el material del capítulo a la creciente comprensión de atracción y retención de visitantes.

Preguntas para Estudio Adicional

Es obvio ahora que más ideas son necesarias para contestar la pregunta de como atraer y retener visitantes. Las siguientes preguntas podrían ser útiles para estudio adicional.

1. ¿Es el estilo de Liderazgo Siervo un estilo que podrá ser efectivo en la iglesia y congregación hispana?

2. ¿Pueden oficiales de iglesia trabajar juntos para establecer aquel estilo en sus ministerios mutuos?

3. Cada pastor tiene diferentes dones. Ningún pastor puede ser igualmente diestro en toda área descrita en este capítulo. ¿Cómo pude el personal y liderazgo compartir los trabajos del ministerio para librar al pastor para hacer uso de sus mejores habilidades?

4. ¿Cuáles oportunidades aporta la congregación al pastor hispano para renovación espiritual y para más educación?

5. ¿Cuáles oportunidades para entrenamiento de oficiales de la iglesia son proveídos por el pastor y la congregación?

Implicaciones Para La Iglesia en General

Las implicaciones de este manuscrito posiblemente pudieran ser para la mayoría de otras iglesias étnicas. Probablemente es cierto que muchas de las facetas de este trabajo podrían fácilmente ser adaptadas a la iglesia Coreana, puesto que ese grupo de gente tiene muchas similaridades con iglesias hispanas.

La iglesia en general probablemente se interesará en muchos de los capítulos, sobretodo en los que enfatizan al pueblo hispano más. Esto es porque muchas iglesias de habla inglesa hoy están principiando a trabajar con otras minorías.

Resumen

El escritor seguramente ha aprendido mucho por medio de la escritura de este manuscrito. Se espera que honre a Dios. Es el más sincero deseo y oración de este autor que pudiera ser de beneficio a los pastores hispanos cuando este proyecto por fin sea terminado. Se da a toda persona las gracias e apreciación por todo la contribución de aquellas personas que dieron su a pollo en el proceso de escribir e editar este trabajo.

BIBLIOGRAFÍA

Aldrich, Joe. <u>Life Style Evangelism</u>. Portland, OR.: Multnomah Press, 1981.

Am, Win. <u>The Church Growth Ratio</u>. Pasadena, CA.: Church Growth, Inc., 1987.

Barna, George. The Frog in the Kettle. Ventura, CA.: Regal Books, 1990.

Damazio, Frank. <u>The Making of a Leader</u>. Portland OR.: Bible Temple Publishing, 1988.

Ellicott, Charles John. <u>Ellicot's Bible Commentary</u>. Grand Rapids, MI.: Zondervan Publishing House, 1971.

Ingstrom, Ted W. <u>The Making of a Christian Leader.</u> Grand Rapids, MI.: Pyranee Books, House, 1976.

Gazoqsky, Richard. <u>Just Add Water.</u> San Francisco, CA.: Voice of Pentecost, Inc, 1992.

Hadaway, Kirk C. <u>Church Growth Principles: Separating Fact from Fiction</u>, Nashville, TN.: Broadman Press, 1991.

Marvis, Curry W. <u>Advancing the Smaller Church.</u> Grand Rapids. MI.: Baker, 1957.

Mayers, Marvin K. Christianity Confronts Culture. Grand Rapids, MI. Baker, 1957.

McKenna, David L. <u>Power to Follow, Grace to Lead</u>. Dallas, TX.: Word Publishing House, 1989.

Miller, John C. <u>Outgrowing The Ingrown Church.</u> MI.: Zondervan Pubishing.

Moberg David O. <u>The Church or a Social Institution</u>. Englewood Cliffs, NJ.: Prentice Hall, Inc., 1962.

Reves, Daniel. <u>Always Advancing:Modern Stratergies for Church Growth.</u> San Bernardino,CA.: Here's Life Publishers, Inc. 1984.

Strauss, William and Neil Howe. <u>Generations: The History of America's Future</u>. New York, NY.: William Morrow & Company, Inc., 1991.

Tillapaugh, Frank R. <u>Unleashing the Church</u>. Ventura, CA.: Regal BOOKS, 1982.

Tillalpaugh, Frank R. <u>Unleashing Your Potential</u>. Ventura, CA.: Regal Books, 1988.

Towns, Elmer L. <u>America's Fastest Growing Churches</u>. Nashville, TN.: Impact Books, 1972.

www.ingramcontent.com/pod-product-compliance
Lightning Source LLC
Chambersburg PA
CBHW022005160426
43197CB00007B/290